智元微库
OPEN MIND

成 长 也 是 一 种 美 好

减 法

5%工作精英才知道的基本功

王世民 著

人民邮电出版社

北京

图书在版编目（CIP）数据

减法：5%工作精英才知道的基本功 / 王世民著. --
北京：人民邮电出版社，2023.9（2024.6重印）
ISBN 978-7-115-62508-3

Ⅰ. ①减… Ⅱ. ①王… Ⅲ. ①工作方法－通俗读物
Ⅳ. ①B026-49

中国国家版本馆CIP数据核字(2023)第155305号

◆ 著　　王世民
责任编辑　陈素然
责任印制　周昇亮

◆ 人民邮电出版社出版发行　　北京市丰台区成寿寺路11号
邮编 100164　电子邮件 315@ptpress.com.cn
网址 https://www.ptpress.com.cn
河北京平诚乾印刷有限公司印刷

◆ 开本：880×1230　1/32
印张：9　　　　　　　　　　　　2023 年 9 月第 1 版
字数：180 千字　　　　　　　　2024 年 6 月河北第 3 次印刷

定　价：59.80 元
读者服务热线：（010）67630125　印装质量热线：（010）81055316
反盗版热线：（010）81055315
广告经营许可证：京东市监广登字20170147号

前言

学会做减法，
适应新的竞争趋势

在这个快节奏的社会里，许多人分秒必争，甚至早上多睡一会儿，都担心自己会落后。

2014 年年底我开始创业时，也有过这么一段分秒必争的拼命岁月。

为什么要这么拼命呢？

因为我想取得更大的成就，于是辞去了知名外企咨询顾问的工作，开始自主创业，并对创业有很高的期待——我要创立一家知名企业。

那段时间，我开始更多关注那些将公司由小做大又有抱负的人。

不关注还好，一关注，我就陷入一种很焦虑的状态。

原先，我觉得自己工作已经很努力了。

周末工作对我来说是常态；

熬夜到凌晨两三点赶工作的情况也时有发生；

节假日基本无休，用来处理忙不完的工作。

但是，看完知名创业者们的励志故事后，我发现自己似乎努力得还远远不够。

知名创业者们在创业时，有人工作困了就睡在公司，醒了继续工作。

有人无论前一天晚上喝了多少酒、多晚休息，第二天早上必定准时出现在公司早会上。

还有人自曝，每天的午饭时间基本只有 3 分钟，每天工作 16 小时。

比你优秀的人比你还努力，你有什么资格不拼命？

因此，我将每天的睡眠时间压缩到 5 个半小时。每晚 12:00 睡觉，早上 5:30 起床，中午还经常忙得没空午休。

在 2015 年 3 月到 9 月，我这样做的效果很 "显著"：

短短 6 个月，公司亏损近 200 万元，前期投入的资金基本亏光了；

我也腰肌劳损复发，下不来床，去医院理疗了一周才缓解。

幸好到了 10 月，因为国庆假期我得以从工作中暂时抽身，进行自我反省。

我问自己，为什么会得到这样的结果？原因很简单：我每天缺觉。

缺觉会导致两大问题。

第一，大脑难以进行高层次的战略思考，更偏好处理琐碎的事务，方向错了也不知道及时调整。

第二，身体极度疲倦，抵抗力直线下降。

找到原因后，我给自己的工作做了减法：减少工作时长。另外，保证每天睡 8 小时；再忙也要运动，每周至少运动 3~4 次，每次不少于 30 分钟。

做减法之后，神奇的事情发生了：我的工作时长缩短了，公司业绩却越来越好。自此，我领悟了 **"人要学会做减法"** 的道理。

这个道理，我除了用在自己身上，还用在公司所有员工的身上。

尤其在创办 YouCore 公众号后，公司开始按更自由、更自主的互联网化方式管理，我更是鼓励 YouCore 的员工留出更多的休息和运动时间。

感到困倦就可以去躺一会儿，无论是不是上班时间。

公司配备了跑步机和椭圆机，随时都可以运动。

每周四下午，在工作时间会有手艺高超的按摩师上门按摩。

从 2021 年 10 月起，公司改为每周休息 3~4 天，而不仅仅只是周末休息两天。比如，员工可以选择周一、周三、周五上班，周二、周四、周六全天休息，每两周周日再轮班一天。

也许你会觉得，工作时间这么少，一定会影响业务吧。

老实说，一开始我也有这种担心，所以这种工作模式是逐步推行的。

但从 2018 年逐步推行以来，我发现每位员工的工作效率和个人产值反而越来越高，精神面貌也越来越好，每天看起来都精神抖擞。

这和公司创立前三年（2015—2017 年）的情况形成了鲜明的对比。当时，几乎每周都有员工因为身体原因请假，例如感冒、发烧、腰疼、头疼、颈椎错位，大家的身体里似乎藏了各种"暗雷"，一不小心就会被引爆。

而在最近三年中，全公司没有一个人请过病假，经过几年的规律作息和持续运动，大家的身体变好了，工作也更投入了。

每位员工的能力和创造的价值一年比一年高。我可以自豪地说，按人均年产值来算，我们超过了全球大部分的公司；如果按单位时间产值来算，我们超过的公司更多。

这就是做减法取得的成果。

因为只有身体保持健康、留出足够多的空白时间，你才会有足够的精力来支撑效率的提升，也才会有更多的脑力来进行深度思考与创新。

更重要的是，只有懂得做减法的人，才能适应社会生产效率和经济水平提升后的新竞争趋势。

在不同的时代和发展阶段，人们奋斗的方式、取得成就的方法其实大不相同。

在发展初期或百废待兴的时代，闭着眼睛拼命向前冲是最好的奋斗方式。因为在这个时期，无论物品、资金还是人才都供小于求，比起技能和创新，能不能快速抓住机会更为重要。

但进入发展成熟期后，这种奋斗方式就行不通了，因为这个时期更需要高层次人才和突破性创新。如果再依赖加班换来的低劳动力成本优势，会让企业缺少创新动力；长时间的重复性工作，也会降低个体的创造性。

在发展成熟期，做减法是更好的奋斗方式。

这并不是说你不用奋斗了，而是不再将宝贵的时间、精力、脑力耗费在重复性的初级脑力活动上，转为多做创造性的高级脑力活动。特别是现在以 ChatGPT 为代表的人工智能生成内容（AIGC）初显威力后，如果我们还在低层次的重复劳动上努力，这种努力似乎就失去了意义。

我这么讲，并不是说人工智能一定会取代人类的工作，恰恰相反，我反而认为被热烈探讨的人工智能，很可能卡在某个瓶颈上，无法发展出人们想象中的超级机器人。未来会往哪儿走，现在没有一个人能说得清。

第一，在基础理论方面，人类尚未掌握宇宙的规律。

例如，我们的物理学仍然建立在相对论和量子力学这两个不完整且存在矛盾的理论基础上。连基础理论都还有巨大的突破空间，未来趋势怎么能被准确预测呢？

第二，历史上人类预测未来的战绩并不佳。

例如，1969 年美国登月后，当时的人们普遍预测 50 年后，我们会驾着飞船去月球基地度假，但到目前为止，普通人是很难登上月球的。

人类对未来趋势的预测，总是很难跳出现有技术的线性发展思维，但技术发展其实是不定向的。

不过，虽然我们不能准确地预测未来趋势，但未来变化的根本趋势，我们还是能抓住的：高级脑力活动的作用会越来越大。

人类是靠智力站上地球生物链顶端的。因此，在过去的 10 万年里，**人类的技术革命，让人类能够省下更多的时间，用于从事更多的脑力活动。**

从原始社会到农业社会，人类省下了到处觅食的时间。

从靠肌肉的力量到靠能源和机械的力量，人类省下了体力劳动的时间。

正是这些省下来的时间，使得脑力劳动者的数量越来越多，也让人类的创造越来越多，发展越来越快。

现在的 AIGC 工具已经开始帮助我们节省重复性的初级脑力活动时间，我们完全可以将整理会议纪要、调整 PPT、回复初级咨询等工作外包给 AIGC 工具，从而提高效率。

但在效率提高的同时，一个严肃的问题也随之而来：虽然**时间省下来了，但如果你的大脑不能从事更高级的思考和创造活动，该怎么办？**

要继续紧跟时代，甚至成为引领时代的前 5% 工作精英，你需要掌握让大脑从事更高级的思考和创造活动的方法，这个方法就是"做减法"。

在本书中，我将分上下两篇与你分享做减法的具体做法。

上篇介绍做减法的四大策略。

减少贪多求快：舍得留白，为用而学，敢于放慢，多用迭代。

减少过高期待：拒绝好高骛远，降低自我和他人期待，承认"人力有穷尽"。

减少过度消耗：不过度消耗体力、脑力、情绪和意志力。

减少完美主义：减少对做事标准，以及做事开头、过程和结果的完美苛求。

下篇则通过 333 时间管理法，演示如何综合应用做减法的四大策略，来帮你提高自我管理和时间管理的水平。

我很期待与你在本书中共同探索，一起掌握做减法的核心，以更轻松、更健康、更适应新竞争趋势的奋斗方式，共同成为前 5% 的工作精英！

YouCore 创始人王世民

2023 年于深圳

目
录

第一章
减少贪多求快

第二章
减少过高期待

第三章
减少过度消耗

第四章
减少完美主义

第五章
综合应用：333 时间管理法

第一章

减少贪多求快

JIANFA

有个做应收会计的学员，在备考注册会计师（CPA）的同时，还报名了工商管理硕士（MBA）考试，因为担心 35 岁后会遭遇职业危机，他又报名参加了各种创业培训班，如营销提能班、股权设计班、团队管理班等。

从周一到周日、从早到晚，每天日程安排得满满当当。但最后，疲惫不堪的他，既没做好工作，也没通过考试，培训班教的内容更是一个没学会。

可以这么说：他在拼命努力之后，工作和学习都耽误了。

为什么会这样呢？这与他一直在用做加法解决问题有关。

1. 为什么要考 CPA？

他觉得自己的财务水平不如同事，同事有 CPA 证书，所以他也要考。

但他与同事的差距，在于他在工作中缺乏灵活运用财务知识的能力，而不是缺乏财务理论知识。所以他不需要通过备考 CPA 学更多财务理论知识，而应该提高对财务知识的灵活运用能力。

2. 为什么要同时备考 MBA？

因为他觉得自己不能一直做基层会计，只有做管理工作才有发展。读 MBA 的话，他既有了学历，又有了管理知识，二者都能帮助他晋升到管理岗。

这个想法不能说是错的，但就当前情况来说，他的做法错了。

因为他目前最大的瓶颈是财务专业能力不足，是否需要增加管理知识不是他目前急需解决的问题。

所以，用增加管理知识来解决财务专业能力不足的问题，结果只能是与自己的初衷背道而驰。

3. 为何要进行与创业相关的学习？

他参加创业培训班，是因为担心 35 岁后失业，想要为将来的发展打好一定的基础。

但他目前最需要的并不是提前进行创业相关学习，而是尽快提升自己的财务专业能力，能为以后的职业发展或创业打下坚实的基础。但他错误地选择做加法，浪费了本就有限的宝贵时间和精力。

这位学员**到处学各种知识、时间安排得满满当当，看似很努力，实则是贪欲过多的表现。**结果往往会导致任何一件事都做不好。

那有什么办法治疗"贪欲过多"呢?

其实很简单,做到以下四点就可以。

- 舍得留白。

- 为用而学。

- 敢于放慢。

- 多用迭代。

舍得留白：改掉假勤奋，变成真用功

如果让一个贪多的人画画，他一定会将画纸画满，一点点空白都舍不得浪费。

但艺术大师往往都是留白的大师。

例如，南宋杰出画家马远绘制的《寒江独钓图》，整幅画只在中间偏下的地方，画了一叶小舟，一位老翁在船头俯身垂钓，船旁仅以淡墨寥寥数笔勾出水纹。虽然画中留白处占整体画面的2/3，给人的感觉却是烟波浩渺，满幅皆水。

留白作为艺术创作中的一种常用手法，其精髓就在于给欣赏者留下了想象和再创造的空间，让每个人都可以有自己的想象和理解。

艺术创作可以通过留白提升意境，计划管理、自我管理也可以通过留白来提升质量。

一、计划要留白

你在做计划时，会不会给当天的每个时间段都安排上内容呢？

我以前做计划时就会这么做，从早上几点起床，中午几点吃饭，到晚上几点睡觉，每小时都安排得明明白白。

计划做出来后，看起来特别周密，特别有效率（见图 1-1）。

计划很丰满，现实却很骨感，看似安排得明明白白的计划，通常不到中午我就执行不下去了，因为各种意外层出不穷。

比如，我安排上午 10:00—11:00 完成一份合作方案的拟定，但直到上午 10:20，原计划 30 分钟之前就应该结束的一个电话还在继续。

而中午 11:00—12:00 我又安排了一个项目跟进会，从下午 1:30 一直到晚上 9:00 的工作内容也都安排好了。

这就意味着，只要错过了上午 10:00—11:00 这个时间段，我就没法做合作方案拟定这件事了，而这又是我今天最重要的事，因为对方在等着我将方案发给他。

最后，我不得不临时更改昨晚花了 1 小时精心编排的计划，占用下午的某个时间段来拟定合作方案。

但与按原计划在上午 10:00—11:00 拟定这个方案相比，下午

周工作计划

	日期 时间	11月30日 一	12月1日 二	12月2日 三	12月3日 四	12月4日 五	12月5日 六	12月6日 日
早	9:00—9:35	例会	例会	例会	例会	例会	学英语	学英语
	9:35—10:00	给A客户打电话	×××	×××	×××	×××	×××	×××
	10:00—11:00	合作方案的拟定	×××	×××	×××	×××	×××	×××
	11:00—12:00	项目跟进会	×××	×××	×××	×××	×××	×××
午	1:30—2:30	确认模块功能	×××	×××	×××	×××	×××	×××
	2:30—4:15	业务培训	×××	×××	×××	×××	×××	×××
	4:15—5:15	合同整理	×××	×××	×××	×××	×××	×××
	5:15—6:00	给B客户打电话	×××	×××	×××	×××	×××	×××
晚	6:30—7:15	测试新功能	×××	×××	×××	×××	×××	×××
	7:15—8:00	跟C客户视频	×××	×××	×××	×××	×××	×××
	8:00—9:00	工作总结	×××	×××	×××	×××	×××	×××

图1-1 周密安排的周工作计划

拟定合作方案，我的心理状态完全不同。

上午做的话，我有一种一切都在计划中的高昂心态；下午占用做其他事项的时间段来做，我心里就很焦躁，觉得一切都失控了。

因为心理状态不同，上午花 1 小时就能做到 80 分的方案，下午花了 2 小时也只做到 70 分的水平，而且人还很沮丧。

这就是计划安排得满满当当、不留白的害处。

但如果我换个做法，只做一个粗略的计划，不仅用不着花 1 小时来制订计划，而且哪怕发生了同样的意外，我的心理状态也会截然不同。

比如，前一天晚上我只花 5 分钟，就给第二天确定了 3 个主要事项。

- 上午 9:30 应邀打个电话。
- 上午 11:00 召开项目跟进会。
- 给对方发合作方案。

与之前的例子相同，第二天上午打电话的时长超出我的预期，拖到上午 10:30 还没有结束，但这对我的心情毫无影响，因为我下午还有充足的时间来拟定合作方案。

下午 1:30，我心情轻松地花 45 分钟就完成了合作方案拟定，剩下的时间我还可以灵活安排其他事项。

带着当日主要事项已经完成的成就感，我不仅毫不焦躁，而且很有效能感，因此还可能完成更多的任务。

这就是计划留白的好处。

做计划学会留白，有以下两个重要作用。

1. 要事第一，突出重点

如果当天有 10 件事要做，其中有一件事是要事，那么你当天哪怕只完成了这件要事，也远远好于做了其他 9 件事但没完成这件要事。

要事之所以被称为要事，就是因为完成它得到的收益，或没完成它导致的损失，会远远大于完成其他事情得到的结果。

一份留白的计划，意味着你将可以调配的时间和精力都分配给了要事，这样更能保证要事的完成。

2. 计划有弹性，增强可执行性

计划其实是建立在预测基础上的，也就是你有意识或无意识地假设了第二天的情况，然后基于这些情况做了安排。

但谁都没有能力准确预测第二天的情况，就像我原计划上午 9:30—10:00 打完电话，结果到上午 10:30 电话都没有打完。

但如果计划里有了 40% 左右的留白时间，那么就算电话时长拖延到上午 11:00 我也不怕，因为我有足够的留白时间来应对这一情况。

跟中看不中用的周密计划相比，这样的计划更有可执行性。

二、自我管理要留白

我的一个很努力的朋友，每天都会把自己的时间安排得满满的，哪怕某天只留了 30 分钟的空白时间，她都觉得很焦虑，觉得浪费了光阴。每次见到她，我都觉得她匆匆忙忙，没有片刻停歇的时间。但即便如此，她也仍不满足。

有一次她问我，有什么办法可以早上 5:00 就起床。她试了几次都不行，太困了。

我问她晚上一般几点睡觉，为什么要早上 5:00 起床？

她说一般夜里 12:00 睡觉，早起是为了延长工作的时长，现在早上 6:30 才起床，觉得每天浪费了一个半小时太可惜了。

安排太满，人就成了时间的"奴隶"，每天被各种事情赶着走，很容易陷入无效劳动的死循环。

美国开国元勋之一本杰明·富兰克林（Benjamin Franklin）提过一个"5 小时原则"：周一至周五，每天给自己留一小时。平日哪怕再忙，他都会给自己"制造1小时的空白时间"，做些真正想做的事，或者什么都不做。每天"偷懒"的这1小时，让他得以一直高效工作，成就了一番了不起的事业。

美国心理学家阿莫斯·特沃斯基（Amos Tversky）也曾说过："保持一定程度的无所事事，一向是做出好研究的秘诀。"

这是因为，我们的大脑有两种重要的思维模式：一种是聚焦模式，另一种是发散模式。

聚焦模式是一种局部思维。它勤勤恳恳，老老实实，依靠专注力对外部信息快速处理。但弊端是，大脑处于聚焦模式时会偷懒，偏爱沿用固有经验，视野也更受限，只看得到眼前，容易形成思维定式。

发散模式是一种全局思维。当大脑处于发散模式时，你可以看得更全面、更长远，会灵光一现，想出超级点子。

方向对了，快一点慢一点只关乎量变；方向错了，越努力越失败，关乎本质。

因此，为了避免只顾低头拉车却不小心走上错路的情况，我们一定要允许自己有闲下来的时间，抬头看看路。

正如雷军所说，不要用战术上的勤奋，掩盖战略上的懒惰。

为用而学：看似学得更少，实则用得更好

有时，贪多、拼命学很多东西反而会导致工作与学习都被耽误，其根源是因为资源错配。

有些时间和精力你本该用来做价值更高的事，结果被占用了，这就会导致你投入了资源，却没有相应的收获，甚至还造成了机会成本的损失。

比如，我带过的一个做外贸业务员的学员，他的销售业绩不错，却迟迟无法升职为外贸经理。其原因是他的英语口语太糟糕了，每次与外商面对面交流，双方都会陷入"鸡同鸭讲"的尴尬。

他也非常清楚，这是自己最大的短板，但就是没法投入足够的时间来攻克它。

因为他怕在自己埋头练习英语口语的时候，同龄人和时代会

飞快发展，把他抛下。于是他拼命学了很多其他方面的知识，比如心理、写作、时间管理、理财等。

这些繁重的学习对突破他的工作瓶颈毫无帮助，他的英语口语依旧很糟糕，无法从外贸业务员的职位升职。

如果他将这些学习的时间和精力，用在提高英语口语上，也许他早就升职、突破工作瓶颈了。

因此，要克服贪多的毛病，除了敢于留白，让自己闲下来，还要敢于减少所学的内容，做到为用而学。

所谓**为用而学，就是从工作的实际需要出发，学习立马就会用到的知识**。这么做有以下三个好处。

好处一：工作与学习不冲突，合二为一。

从工作需要出发，优先选择学习的内容，意味着学习就是工作，工作就是学习，而且是比课堂学习更深刻、更具实操性的学习。

你可以通过以下两个学习场景的差异对比感知。

场景一：你是一家公司的应收会计，你有一项工作是将散落在多个表格中的客户信息和该客户的交易金额，合并到一张表中，要求一个客户对应一条记录。

这段时间，你在学习 Excel 公式的同时，也在背诵英语单词，你觉得你是更容易将公式用熟，还是更容易记住英语单词？

显然，你会将 Excel 公式掌握得很熟练，包括一些很复杂的函数，因为你会在工作中不断使用这些公式，工作的过程就是学习强化的过程；而且工作之外，相较于背单词，你也更愿意继续学习这些 Excel 公式，因为你工作上有需要，必须学会。

场景二：你跟我带过的这位学员一样，是一名外贸业务员，主要工作就是跟进公司的欧美客户，通过邮件或电话向他们介绍产品、反馈和解释订单的进展。那你更有可能记住英语单词，而不是 Excel 公式。

因为你会在工作中反复使用这些英语单词，而且你在工作之余也更有动力去背诵英语单词，因为你的工作需要，所以你不得不学会和记住这些。

因此，只要你做到为用而学，就再也不用在学习时担心工作没完成，在工作时又担心没时间学习了，因为你的学习和工作是合二为一的。

好处二：在工作中自然重复，抵抗遗忘曲线。

大脑是个特别容易忘事的存储体，应对大脑忘事最好的方式就是多用间隔性重复这一方法。

可是，这很难做到。

就以背英语单词为例。

人人都知道每天背诵 30 个新单词，再将前一天背的单词重复记忆一遍，3 天后再重复一遍，7 天后再重复一遍，14 天后再重复一遍，这样就应该能记得比较牢固了。

但是，到了第 4 天的时候，还愿意重复 3 天前背诵的英语单词的人估计就很少了，因为这太枯燥、太麻烦了，还不如只背新单词。结果就是背了后面、忘了前面。

但是，如果你是外贸业务员，情况就大不相同了。你今天上午背的单词，可能今天下午在与客户电话交流时就用到了，明天在邮件里可能又用了一遍，一周后又在与客户的电话交流中用了一遍。

因此，如果能采用为用而学的策略，就不用再担心大脑这个存储体容易忘事，因为最常用的内容，它一定会帮你记得牢牢的。

好处三：避免浅层学习，更深入地掌握方法和技能。

大脑很容易被虚假学习（比如点击收藏）的满足感欺骗，所以**很多时候，你的学习只停留在表层，即所谓的"一看就会，一做就废"。**

就好比你学习如何拟文章标题。

看了别人写的一篇特别棒的干货文章，说文章标题做到"这最好（How）玩（Why）"，更容易吸引人打开看。你看完这篇文章后很激动，赶紧收藏了，大脑也很满足，感觉一下子就已经是拟文章标题高手了。

但真到了需要你拟文章标题的时候，可能你连"这最好玩"是什么都有些记不清了；即使记得"这最好玩"是什么，也拟不出符合这个标准的标题。

可如果你为用而学，你的学习就不会只停留在表层，也就不会将文章收藏起来或大概了解文章内容，就不了了之，因为你手头就有一篇文章等着你拟标题，你不得不实打实地拟出一个符合"这最好玩"标准的标题出来。

当你拟出这个标题后，你会发现新问题：为什么依然没什么人看我的文章呢？

于是，为了解决这个新问题，你会更深入地学习，会发现除了标题格式要符合"这最好玩"，标题内容也要能切实满足读者的某个需求，如体现身份的需求、实用的需求等。

因此，采用了为用而学的策略后，你就能更深入地掌握你所学习的方法和技能了。

知道了为用而学的这么多优点，现在你可能会有一个新的疑问：到底要怎么做，才能做到为用而学呢？

方法很简单，你只需要按照下面的三个步骤做就可以了。

步骤一：选问题，即选择一个工作中要解决的问题。

为用而学，要求学完后能立马应用，因此你选择的这个问题，一定是你正在解决或即将解决的问题。

比如，我马上要录制一段音频课程，但是我对如何让声音听起来更舒服不是很清楚，这时我就可以选择"如何让声音听起来更舒服"作为要解决的问题。

以解决问题为目的去选择学习内容，就可以有效解决工作忙没时间学习，或者学习后没有实践，无法真正掌握知识的问题。

步骤二：定范围，即确定学习内容的范围和顺序。

选择好要解决的问题后，就要根据问题解决的迫切度和进度确定学习内容的范围和顺序。

首先要根据问题解决的迫切度，确定学习内容的范围。如果解决问题的时间比较充裕，那么学习内容可以全面一点；如果解决问题的时间很紧张，就要学习立马能起作用的具体方法或技能。

还以录制音频课程为例。如果这个音频课程的录制有一个月的时间，而且还有一周才开始，这时我就可以买几本纸质书或一门课，系统地学习关于发音、音调、气息、共鸣控制等的方法技巧。

但如果下午就要开始录制，而且当天就要完成录制，只有一小时左右的学习时间，这时，我就只能买电子书，直接翻查与"让声音听起来更舒服"有关的方法，或者直接在网上搜索"让声音听起来更舒服的技巧"，并选用其中可以直接上手应用的方法。

比如，我选择的方法就是：坐直、放慢语速、想象你对面有个人。

确定学习内容的范围后，还要根据问题解决的进度，确定学习内容的顺序。如果解决问题的周期比较长，而且可以分为几个阶段来处理，就可以优先学习第一阶段马上就要用的内容。

比如，做企业管理咨询项目，一般大约要三个月，通常会分为现状调研、方案设计、实施路线规划三个阶段。

假设，你现在被派去做一个关于二手车业务模式的咨询项目，但你之前做的都是房地产项目，对二手车几乎没有了解。可是明天就要开始二手车的项目，在短短一天内要学完与二手车相关的知识根本就不可能。

在这种情况下，你可以先确定现状调研阶段要用到的二手车相关知识，比如二手车的产业链条、二手车的行业环境、二手车当前的竞争格局以及二手车的发展趋势等，优先学习这些内容以确保调研的顺利开展。

在调研期间，再抓紧时间学习方案设计阶段要用到的二手车相关知识，如二手车的定价策略、二手车的竞拍策略、二手车的线下门店布点策略等。

定范围这个步骤的关键，就是一定要控制住自己忍不住想学更多东西的冲动，紧紧围绕问题解决的需要来确定学习内容的范围和顺序，否则就会出现陷入学习中不能自拔的情况，导致以下两个问题。

（1）耽误了解决问题的时间。

因为你能投入学习的时间资源有限，将宝贵的资源花费在非急用的内容上，自然就会导致没能及时学会急用的内容，无法解决眼前的问题。

（2）浪费了有限的时间和精力。

学习的内容只要没有被应用，绝大部分就会被很快忘记，将来要用的时候又要浪费时间和精力重新学习。

步骤三：实际用，即实际应用所学内容解决问题。

不仅要学，更要知道如何在解决问题的实践中应用所学内容。

一旦你采用了为用而学的策略，你就会从解决问题的需要出发来找解决办法，因此我不担心你是否会应用所学内容，而是要提醒你如何应用。

在应用所学内容解决问题的时候，如果你之前没有这方面的经验，第一遍一定要严格遵循所学方法或技能的指引，一丝不苟地套用。

为什么呢？因为在你还没有经验的时候，只有严格地套用后，你才能根据反馈结果证明这个方法是否有用，否则你会永远纠结是方法没用还是你没用好；只有严格地套用，你才能真正理解所学的方法或技能，也才能知道如何根据实际情况改进这个方法或技巧。

以依照"这最好玩"标准拟文章标题为例。如果你一开始就加入了自己的理解，没有严格遵循这个方法，也就是拟出的文章标题不完全符合"这最好玩"的标准，那么如果文章阅读量未达预期，你是认为自己没有用好这个方法，还是认为这个方法本身不行呢？你很难给出正确的结论。

反之，如果你拟出的文章标题完全符合"这最好玩"的标准，而文章阅读量依然不佳，这时你就可以得出结论：只符合这个标准还不够，还需要考虑更多因素。

因此，在执行这个步骤时，切记：**如果你没有相关经验，第一遍一定要严格遵循所学方法或技能的指引。**

贪多地学很多东西，看似很努力、很上进，但可能只是一种逃避行为：通过不停地展开新内容的浅层学习，收获虚假的满足，以此避开深层学习的困难和痛苦。

所以，**贪多学习可能是"伪努力"，为用而学才是"真用功"。**

　　通过"选问题→定范围→实际用"这三步，你一定能做到为用而学，克服贪多的毛病，收获三大好处：工作与学习不冲突，合二为一；在工作中自然重复，抵抗遗忘曲线；避免浅层学习，更深入地掌握方法和技能。

敢于放慢：似慢实快，真正学会学深

贪欲体现在数量上是"贪多"，体现在时间上则是"急于求成"。

通过留白和为用而学，你已经很好地解决了"贪多"的问题，下面就要解决"急于求成"的问题。

急于求成之所以会耽误工作与学习，原因在于以下两点。

原因一：投入不足，导致学而不牢。

比如，某位学员在数据分析的学习上只花了 10 天。对数据采集、数据清洗、数据存储、数据提取、数据挖掘、数据展现、数据应用这些数据分析环节说得头头是道，就自以为掌握了数据分析技能。

但工作一安排下来，他连基础的结构化查询语言（Structured

Query Language，SQL）都不能马上写出来，又何谈掌握了数据分析技能呢?

原因二：心态急躁，导致半途而废。

有一个关于背单词的故事。

有人掏出一本英文词典，口出狂言："一周之内，这本词典上就没有我不认识的单词。"

然后他开始废寝忘食地背单词，晚上只睡 3 小时，第二天还特别亢奋，可这种亢奋只维持三天，到了第四天，一看到那本词典，他内心就充满抗拒，最后此事不了了之。

普通人经年累月才能学会的东西，他却想在几天内就掌握，能不半途而废吗?

因此，**急于求成的人，因为急，往往能学会的东西也没学会，能做好的工作也没做好。**

要解决急于求成的问题也不难，只要敢于放慢就可以了。必要的慢，更契合学习的两个客观规律。

客观规律一：最低投入强度。

任何复杂内容的掌握，都有一个最低投入强度要求。以烧 10 锅水为例，急于求成的人往往是这锅水还没烧开，就急着撤掉柴火去烧另一锅水，另一锅水还没烧开，又急着回来给前一锅加热……

结果花了能烧开 10 锅水的火力和时间，却连一锅水都没烧开。

如果保证了适当的投入强度，先守着一锅水把它烧开了，再去烧下一锅，你会发现总体上使用的柴火更少、花的时间也更少，但烧开的水却更多。

客观规律二：学习曲线中的"高原期"。

教育心理学中，有一个著名的学习曲线（见图 1-2）。

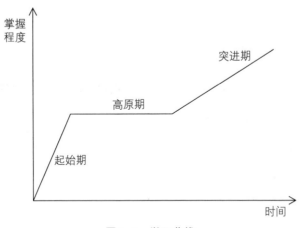

图 1-2　学习曲线

这个学习曲线，将学习过程分为三个阶段。

1. 起始期

这个阶段在曲线上表现为一条陡峭的斜线，代表你花很少的时间学习，就能快速掌握到一定程度的学习阶段。

你之所以会有这样的表现，是因为这是刚开始学习的阶段，你往往出于新鲜感充满了学习的动力，同时学习的内容也相对简单，因此你的进步速度最快。

吹嘘自己一天就"学会"弹吉他的人，正是处于学习曲线的起始期阶段。

2. 高原期

这个阶段在曲线上表现为一条水平线，代表花了比起始期更多的时间，掌握程度却没有提高，甚至有时还有所下降的学习阶段。

处于学习曲线的高原期时，不仅你进步缓慢，学习也相当枯燥，因为你需要不断地重复却得不到太多正向反馈。

高原期几乎存在于你的所有学习之中。

例如，练习跑步时，开始稍微练一练，你的跑步速度和跑步距离就会有很大的提高，但之后就仿佛停滞不前了，即使你继续努力也收效不大。

学习英语更是如此。学上几天，你就可以说几句如简单的

"早上好""见到你很高兴"等，但到一定的水平后进步就停滞了，再怎么努力英语水平也不见有明显提高。

于是，你很可能就进入"堆沙子"的循环：这次没学会，兴趣没了，先放在一边；过一阵子似乎又有动力学了，再拿出来学一学，还是没学会，再放在一边，下次再学……

绝大多数人的学习兴趣基本就是在高原期阶段丧失的。

3. 突进期

这个阶段在曲线上表现为持续上升，但相较于起始期会更平缓地上升，代表虽然你的学习不像起始期那样进步迅速，但掌握程度又开始随着时间的投入逐步提高的学习阶段。

突破高原期，进入突进期后，你就能充分感受到学习带来的成就感和乐趣了，也只有到这个阶段，你才能胸有成竹地说"我学会了"。

但急于求成的话，肯定迈不过学习的高原期，继而进入突进期，因为急于求成的人，看到投入时间学习却没有进步，甚至还有所倒退后，就会失去耐心不学了。

但成功往往来自再坚持一下。

只要选择放慢，愿意花更多的时间，你就能顺利度过高原期，进入突进期，做到真正的似慢实快。

关于似慢实快的价值，功夫巨星李小龙说过一句类似的话："我不怕练一万招的人，就怕把一招练一万遍的人。"

为何李小龙不怕"练一万招"的人呢？因为，练一万招就意味着没有足够的时间将任何一招练到炉火纯青，能够度过高原期。

那他为何又怕"把一招练一万遍的人"呢？因为，如果能将一招练一万遍，就意味着这招的练习肯定度过了高原期，甚至深入突进期很久了。

在金庸的武侠小说《天龙八部》里，慕容复和乔峰就是一个很好的对照。

慕容复武学渊博，了解各大门派的功夫，而乔峰只精通丐帮的降龙十八掌。

从纸面对比来看，乔峰会的慕容复都会，而慕容复会的乔峰却不会，所以慕容复在武林中的名望比乔峰要高很多。

但二人一交手，却让人大跌眼镜：慕容复的武功远不如乔峰。

万招会却没一招精的慕容复，就是徘徊在学习曲线中的高原期阶段的典型写照。

刚开始练每一招的时候，他也许很快就能练得像模像样，但随着对招式练习的不断深入，就会遇到每一招的高原期，这时进步就会停滞，甚至倒退。

练一万招的人往往耐不住枯燥的高原期，或者根本不知道高原期的存在，进步停滞就转头去练另一招，遇到高原期后又再去练下一招，如此往复。

所以，练一万招的人，看似练了很多招，但他们每多练一招，不过是又多逃避了一次。又或者，他们只是停在了高原期，却以为自己练会了。

看到这里，你可能有疑问了：把一招练一万遍，就一定会成为高手吗？

如果练的方法不对，还真不一定。比如，我们日常都在讲普通话，几十年下来讲的次数早就超过一万次了，可很多人一开口依然带着地方口音。

为什么呢？

因为他们并没有有效重复，只是在无意识重复。

有效重复，重复的是"有效"；而无意识重复，重复的是"盲目"。如果只是无意识重复，别说一万遍，哪怕重复十万遍、百万遍，也不会有进步。

因此，"把一招练一万遍"不是盲目地练，而是有目标、有方法、有正向反馈地有效重复。

一、练习要有目标

没有目标，人就好似在海里随风飘荡的小木船，往哪个方向看都是一望无际的大海，失去了前进的方向和练习的动力。

因此，在你准备"把一招练一万遍"的时候，首先要给自己设定一个目标。不要怕目标设定错了，因为这个目标的价值不在于目标本身，而在于给一万遍练习提供一个方向和可衡量的标准。

以 YouCore 的私教练习为例，在日复盘里，我们会引导每个学员设定自己的总体目标、月度的阶段目标，然后每天围绕目标复盘（见图 1-3）。

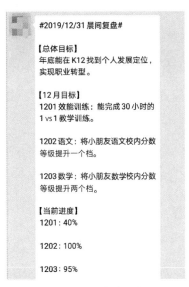

图 1-3　日复盘示例

有了方向和可衡量的标准，能看到每天的进步，练习的动力就会更强，练习的效果也会更好。

二、练习要有方法

我们在看武侠小说时，经常会发现名门大派的弟子的武功普遍会比小门派的弟子的武功高很多，甚至比某些小门派的师长武功还高。

为什么名门大派的弟子的武功普遍会更高呢？其原因就是名门大派有更高质量的武功秘籍，比如武当有八卦掌、太极拳、梯云纵，少林寺有龙爪手、罗汉拳、千手如来掌。正因为名门大派的练习方法更好，所以其弟子的武功会普遍更高。

因此，我们在练习某个技能时，最好也能找到某个更高效的方法，在同样的练习强度下，用更高效的方法练习的效果会好很多。

还以 YouCore 的私教练习为例。在开始练习某个技能之前，我们会要求学员先学习高效的方法再开始练习技能（见图 1-4）。

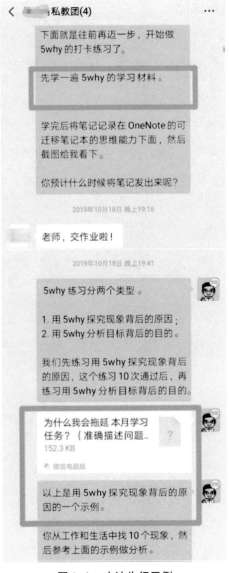

图 1-4 方法先行示例

三、练习要有反馈

最后，想要重复练习有效果，还必须有反馈，要知道自己错在哪里，下次该怎么调整。

继续以 YouCore 的私教练习为例。

私教学员每次提交练习后，都会进行结构化自评并得到老师的结构化反馈，这样学员就知道自己哪里做得好，哪里还需要改进（见图 1-5）。

图 1-5　自评与反馈示例

这里的反馈，除了对练习内容的反馈，还关注了练习者的情绪和心理状态，通过各种小技巧，帮助练习者更好地度过学习曲线中的高原期阶段。

比如，在 YouCore 的私教练习中，老师会在练习者消沉的时候给他们鼓励，在练习者信心不足的时候给他们表扬，在练习者懈怠的时候给他们压力（见图 1-6）。

图 1-6　情绪关注示例

急于求成往往会"欲速则不达"，因为缺少最低强度的投入，也没有耐心熬过学习曲线中的高原期阶段，最终哪个方法或技能都学不精。

　　但如果你敢于放慢，能够沉下心来花足够的时间，用明确目标—选准方法—用好反馈的高效方法，"把一招练一万遍"贯彻到底，那么你不仅能度过高原期，还会不断深入突进期，真正精通一个方法或技能，最终"似慢实快"！

多用迭代：哪怕贪多求快，也能步步为营

前面介绍的留白、为用而学、放慢这三个方法肯定能帮你缓解贪多求快的心理。但如果你是贪多求快的重症患者，不敢留白、为用而学和放慢的话，你还可以用迭代这个方法，它既能顺应你贪多求快的心理，又能做到聚焦当下，一步步行动。

那么如何做到迭代呢？

迭代有两种主要方式：由粗到细的迭代和由小到大的迭代。由粗到细的迭代可以满足你贪多的心理；由小到大的迭代可以满足你求快的心理。

一、利用由粗到细的迭代满足贪多心理

由粗到细的迭代，是指先构建一个简化的原型或框架，然后逐步完善和优化。

家装设计就是这种迭代方式的典型应用。

家装设计师通常先根据你的需求和想法，勾勒一份粗线条的整体平面设计图与你讨论。经过裁剪和调整，确认整体平面设计图后，再制作主要区域（如客厅）的渲染图，让你确认配色和空间布局是否符合你的预期。如果不符合你的预期，家装设计师便进行修改，在这个过程中可能还会反过来再调整整体平面设计图（甚至推倒重来）。

配色和空间布局满足你的需求后，家装设计师会为你设计软装，如选择沙发、灯具、挂画的位置等。

经过这些由粗到细的迭代，家装设计师最终能帮你完成装修设计图，你可以凭此找合适的施工队伍施工。

了解了什么是由粗到细的迭代后，你会发现这种迭代方式可以容纳你的各种想法，你想要的任何东西都可以先装到开始的简化框架里，因为这些东西并不用一开始就付诸实践，就像做梦一样，梦里你可以拥有一切。

但在充分满足你贪多的心理之后，这种迭代方式还能让你回归现实，更有行动力，因为梦做完后，你就要开始下一步的细化任务。

二、利用由小到大的迭代满足求快的心理

由小到大的迭代是指先完成局部的核心功能或内容，然后逐步扩展，直至完成所有功能或内容。这种迭代方式类似于拼图，逐步拼接成完整的图案。微信的产品开发就是这种迭代方式的典型应用。

2011 年 1 月 21 日，微信刚推出时，其 1.0 版本仅有最基本的文字消息和图片功能，如图 1-7 所示。

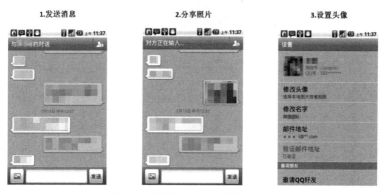

图 1-7　微信 1.0 版本的基本功能

如今回顾，是不是觉得特别简单？

到微信 2.0 版本，它增加了一个里程碑般的功能：语音对讲，如图 1-8 所示。

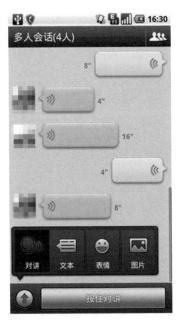

图 1-8　微信 2.0 版本的新增功能

如今，通过持续的由小到大的迭代，微信的功能已非常强大，几乎涵盖了生活、工作的绝大多数场景。

由小到大的迭代之所以能满足你求快的心理，原因在于它会将庞大的目标分解为一系列从简单到复杂的小目标。

比如，在一个复杂课题的学习过程中，你可以将其拆分成多个子课题；在一个周期长达一年的项目中，你可以将这个项目拆分为多个阶段的子项目。

与耗费数月甚至数年才能完成的庞大目标相比，这种可迅速实现的小目标更能满足你求快的心理。

在使用由小到大的迭代方式将庞大目标分解为小目标时，要特别留意一点：**确保每个小目标的实现周期不超过你的最长耐心。**

假如你的最长耐心是 1 天，那这个周期就不能超过 1 天；假如你的最长耐心是 2 小时，那这个周期就不能超过 2 小时。

以我带过的一个学员为例，这位学员有段时间很抗拒私教练习，因为她保持耐心的时间很短，最长不能超过 1 小时，超过这个时长的练习任务，她就会一直拖延着不做。

针对她的特殊情况，我引导她将练习任务拆分得更细。比如，将一本书的阅读任务，拆分为每个章节的阅读子任务，每个子任务最长不超过 1 小时（30~60 分钟），一个子任务完成后，再反馈完成下一个子任务的截止时间，如图 1-9 所示。

这样拆分后，每个子任务周期都少于 1 小时，满足了她求快的心理，所以她很乐意接受这些练习任务，再加上截止时间点的压力，因此她完成每个子任务都很专注。

拖延了一周都没看的书，一天内就读完了，这也是她人生里第一次做到一天读完一本书。

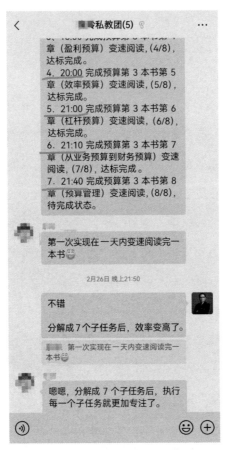

图 1-9　实现周期很短的子任务拆分示例

　　这种效率越来越高的现象，就是美国心理学家阿尔伯特·班杜拉（Albert Bandura）于 20 世纪 70 年代提出的"自我效能感"的作用。

　　自我效能感是指个体自己是否有能力完成某项任务或达成某

个目标的自信程度。自我效能感的高低直接影响个体的动力、投入程度、耐心和信心。

通过由小到小的迭代，一旦实现了第一个小目标，你会以更大的信心和热情来实现第二个小目标，第二个小目标依然周期短、难度低，你同样能够很快取得小成果。这种短期速成的成果积累得越多，你的自我效能感就越强，信心与热情就会越来越大。即便后续迭代中遇到问题或挫折，你也不会轻易退缩，甚至你还能变得更有耐心，坚信努力终将有回报，因为之前你有过不断成功的体验，所以你会坚定地相信这次也会成功。

当你发现自己有强烈的贪多求快心理时，就可以刻意多用迭代这个方法来做事。它既能满足你贪多求快的心理，还能帮你不断积累信心。

三、迭代的两大额外价值

迭代除了可以在满足贪多求快心理的同时，提升你的执行力和自我效能感，它还有两个额外价值：避免方向偏差造成的浪费、保证最后输出成果的质量。

1. 避免方向偏差造成的浪费

与迭代相对立的工作方法叫作预定义过程控制。

在进行大型项目时，这种工作方法会在一开始花费数月制订未来几年的计划，然后逐步执行。但在执行过程中，实际需求可能与原计划相去甚远。这时，大量时间和成本已经浪费，项目可能面临严重延期、超支，甚至需要重新开始。

美国加利福尼亚州 2008 年规划的高铁项目便是一个典型例子，最初的 60 亿美元预算暴增至 770 亿美元，预计通车时间从 2033 年推迟至不知道哪一天。

采用迭代方法就可以有效避免这些风险，因为迭代的第一轮只是最低强度的投入，只要发现计划与实际需求偏差很大，就可以及时调整，从而大大减少进度延期和成本超支的风险。因此，迭代的第一个额外价值是避免方向偏差造成的浪费。

2. 保证最后输出成果的质量

迭代的第二个额外价值是保证最后输出成果的质量。

预定义过程控制要求一开始明确最终交付成果，并规定每个阶段的工作。以给客户做企业管理软件为例，传统的执行方法要求客户在一开始就明确自己的业务需求，然后在工作说明书（SOW）里白纸黑字写清楚顾问公司只做这些双方约定好的内容。

但企业的管理是复杂的，外部的经营环境也是在不断变化的，几乎没有人能够在一开始就预测好所有需求。因此，在传统的执行方法下，几乎 100% 的项目，在执行过程中都会发生顾问公司和客户争执不休的现象。

顾问公司坚持要按 SOW 的约定来做，如果要改就要额外加钱，因为他们已经在客户现在不要的这些功能上做了很多工作；客户坚持要免费按新的需求来做，因为 SOW 里约定的最终交付成果不是客户想要的。

在这种争执之下，最终交付成果往往是双方妥协的一个结果——勉强能用，但距离客户的真正所需有较大差距。最终就是客户不满意，顾问公司也亏损（因为不得不承担部分返工成本）。

但如果采用迭代方法，则可确保双方对最后输出成果都感到满意。每轮迭代以最短时间、最低强度投入输出阶段成果，双方快速确认该成果是否符合需求，即便遇到不可预见的变化，下一轮也可以迅速调整。这样的迭代方法能够在项目过程中灵活应对变化，逐步优化输出，保证最后输出成果符合客户需求和预期。

总之，迭代方法不仅满足了你贪多求快的心理，提升了你的执行力和自我效能感，还能帮你避免方向偏差造成的浪费、保证最后输出成果的质量。

这么好的做减法工具，是一定要用起来的。

本章小结与讨论

我在 YouCore 公众号里发表过的文章，有不下十篇强调过成功的人通常是勤奋努力的，但他们也懂得何时应该休息，能够在繁忙的工作中抽出一些时间来放空大脑，跳出眼前局面进行全局思考。

他们也学习各种知识，但会先做减法，更注重精通一个领域的知识后，再广泛学习。因为，只有当你精通一个领域的知识后，才能更好地领悟学习的规律，之后再学习其他领域的知识也就更容易了。

如果你现在正努力学很多东西，学习过程中还急于求成，每天都安排得满满当当，那么建议你停一停，做一下减法。

不要把计划排得太满，要让自己有一些空闲的时间；

为用而学，先学工作中需要的知识，不要急于与其他人攀比知识储备；

给某项技能的学习多投入一些时间，再多一点耐心。

变得"闲"一点、"懒"一点、"慢"一点，这并非浪费时间，反而更能提高学习和工作的效率。

如果你一时改不了贪多求快的毛病，可以多采用迭代的方法，这个方法在满足你贪多求快心理的同时，也能促使你脚踏实地、持续行动。

第二章

—

减少过高期待

你会不会觉得，只要有能力、肯努力，事情就一定能做成，目标就一定能实现？

我年轻的时候就是这么认为的，特别是在上学期间和开始工作的前两年。

因为我发现，我只要肯努力，学习成绩马上就会提升，工作也能做得更好，老师和领导的表扬、升职加薪接踵而来。

所以，看到某些人学习或工作得不好，我第一反应会是"他们可能不努力"。

可随着我的职位越来越高，我对"努力一定能成功"这样的话越来越感到怀疑。因为我发现，我明明更努力，但我年底的业绩反而比没有我努力、能力也没我强的一些人要差。

更关键的是，我与他们之间的差距并不是我能控制的。

因为我已经将客户服务得很好了，不少客户还主动发了表扬信给公司来肯定我的服务，但他们很少会与我签新订单。而业绩比我好的几个同事，一个客户的二期订单就比我所有客户的订单总金额加起来还要高一倍。

于是，我逐渐认识到，有时候"能力＋努力"并不一定能让人达成目标、实现期待。

上学期间或从事执行层面的工作时，你学的内容和做的事都有高度确定性，所以只要你足够努力，通常就能心想事成。

但随着职位越来越高、做的事情越来越复杂，事情的不确定性也越来越高，这种不确定性是你无论怎么努力、怎么提升能力都很难控制的。

所以，我们要学会对期待做减法，特别是对不切实际的期待做减法。

在这一章里，我们会逐一探讨以下四点。

- 如何拒绝好高骛远。
- 如何合理设定目标。
- 如何降低对自我和他人的期待。
- 如何承认运气的制约。

放下远大梦想，聚焦当下持续成长

喜欢周星驰电影的人，估计会对他在《喜剧之王》里的一句台词印象深刻："做人如果没有梦想，跟咸鱼有什么分别？"

这句话传递了一个意思：梦想是好的，得有。

确实，梦想是个人对自己未来某种理想状态或目标的期望，如果应用得当，对个人确实有目标导向、内在驱动的作用。

但如果应用不当，梦想不仅无益，反而有害。尤其是过于远大的梦想，在人自我能力认知不清、行动力不足、容易因挫折而沮丧的情况下，其弊远远大于利，因为过于远大的梦想会给我们普通人带来以下四个弊端。

弊端一：降低动力

可能在你的认知里，梦想最大的价值就是可以极大地激发一个人的动力。但我为什么说会降低动力呢？

能实现的梦想确实有激发动力的作用，但过于远大的梦想往往实现周期长、实现难度大。对绝大多数普通人来说，这种过于远大的梦想，除了做白日梦的时候偶尔想一想会激动一下，在剩下的时间里基本对它无动于衷。

不信的话，你认为"我要成为全世界最自律的人"这个梦想，对你的动力有多大的激发作用？

这个梦想是能帮你停下打游戏的手指，还是能帮你挪开刷短视频的目光呢？

我估计都不能。

但如果明天早上就有一场考试，则可以让你抛开游戏和短视频，乖乖地开始复习。

因此，对普通人来说，不设立过于远大的梦想，而是聚焦最近的一个小目标，反而会更有动力。一个个小目标实现后，你再回头一看，以前看似遥不可及的某个大目标已经不知不觉地实现了。

相反，如果你天天想着距离远大的梦想还有多远，因为周期实在太长、差距实在太大，你反而很有可能不愿意努力了，就像梦想舀干大海一样，多舀一瓢少舀一瓢有什么区别呢，反正对舀干大海这个梦想来说都可以忽略不计。

弊端二：降低执行力

我们的大脑很聪明，但也有不少缺陷。像大脑的奖励机制，就分不清现实中的成果和想象中的成果。

对你通过努力考取了一个含金量十足的职业证书，与你只是躺在床上想象你拿到了这个证书的美好画面，大脑都会感到很满足，因为它会错把想象中的成果，当作真正取得的成果。

梦想就是一种想象中的成果，当你幻想自己梦想实现时（比如升职到理想职位、找到了梦中情人等），大脑就会提前释放奖励信号，虽然你什么都还没做，但此刻你的大脑已经产生一种满足感了。这种满足感反而会削弱你在现实中努力实现梦想的执行力。

人类天生就有逃避不快、追逐快乐的本能。当你在当下的现实中感受到痛苦时，你就更有可能不断幻想各种梦想的实现，借此逃避现实。

我有个学员就是这样的。

每天说着各种高端的概念，梦想着自己功成名就的各种情形，就是不愿意做好手头的工作，用他的话说："这份工作太简单了，简直就是浪费我的才华。"

但实际情况却是，他因为工作做得马马虎虎，年年升职加薪都没有他。

他所谓的梦想，只不过是他用来逃避工作不顺和自己无能的借口，说得多了他将自己都骗得相信了而已。

所以，与其幻想着实现了远大梦想，却毫无行动，不如聚焦当下，一步步完成实现梦想所必需的步骤，可能你最终得到的还会多于你曾经想都不敢想的。

弊端三：增加失败可能

梦想会增加失败可能，这可能又跟你原来的认知相悖。

其实，这个道理很简单，如果梦想太过远大，你会发现常规的做法根本没有实现的可能，于是就会铤而走险选择风险更高的手段。

因此，对你我这样的普通人来说，设定一个比自己的能力边界略高一些的目标，追逐到了，再设定下一个更高一点的目标，采用这种逐步追逐的模式，反而更能取得自己意想不到的大成就。

因为很多时候，等你追逐到第一个较低的目标后，你就会发现自己的能力边界又扩展了，很多原先没有的机会和资源也来了。

弊端四：增加不幸福感

远大梦想的达成过程，一定是无比曲折的，中间会遇到很多挑战，必然会给你带来巨大的压力和各种挫折。这些压力和挫折是转化为更强大的前进动力，还是转化为焦虑与沮丧，就跟不同人的心态、能力、所拥有的资源和所处阶段有关了。

如果你是满足下面四种条件的人，那么远大梦想带来的压力和挫折会更多转化为动力。

1. 内在驱动力强

如果你具有强烈的内在驱动力，那么远大梦想可以给你提供强大的动力和激励，即使面对挑战你也会保持信心和毅力。

2. 适应能力强

如果你能够迅速适应不同的环境和情况，面对挫折时能及时调整策略，那么你更容易克服远大梦想带来的压力和挫折。

3. 勇于承担风险

你敢于承担风险并勇于尝试，就算在追求远大梦想的过程中遇到危险和风险，你也可以转危为机。即使风险不幸发生了，你也有足够的勇气来承担。

4. 能力和资源匹配

你拥有实现远大梦想所需的能力和资源，而不只是空想和幻想。

满足上面四种条件的人并不多，每一个满足这四种条件的人都是出类拔萃的。

马斯克就是这样的人，他"让人类移民火星"的梦想，对绝大多数人来说都起不到驱动作用，因为压力太大、风险太高、对能力和资源的要求近乎苛刻，但马斯克拥有百折不挠，喜欢高压和冒险的个性，反而能被这一远大梦想激发出强大的内在驱动力。

除了满足前述四种条件，如果你生活无忧、事业有成，但因阶段性目标已实现而感到迷失方向，内心空虚、迷茫，不知道未来该做些什么，那么此时设定一个远大梦想，并为之奋斗，会让你感受到更多的幸福。

但如果你既不具备前述四种条件，也不处于阶段性的空虚迷茫中，这时设定远大梦想，只会给你自己徒增不幸福感。因为遇到挑战和挫折后，你会压力过大，陷入过度焦虑；看到梦想没有实现，你会陷入失落和自责，觉得自己能力不行，从而影响自己的信心。

所以，**与其设定一个过高且笼统的远大梦想，在"空想未来—现实失落—质疑自我—光想不做"的死循环里打转，不如"聚焦当下—小小进步—做得更多—实现梦想"。**

如何做到聚焦当下，从多想转为多做呢？你只要做到以下三个步骤即可。

步骤一：先做加法

允许你自己拥有各种梦想，但你要找一个大段时间来集中思考，将大脑中想做的事情用纸或者导图全部写出来，写得越多越好。

这样做可以释放你大脑中的想法，免得将来行动时犹犹豫豫，总觉得还有更重要的事没做。

例如，你可以列出如下想法。

- 学会 Python 编程和软件开发。
- 掌握市场营销技能。
- 提高商业和管理技能。
- 研发一款创新产品或服务。
- 给创业项目找到投资。

步骤二：再做减法

将所有的梦想归类，分成工作、生活等不同类别，之后选择要做的事情。划掉对当前影响不大的事，最后只留下一件必须要做的重要的事。

例如，你可以将目标分为两类：个人技能提升和公司发展。

再将学会 Python 编程作为首要任务，因为产品的开发依赖于这个技能。

步骤三：逐步推进

将必须要做的这件事（学会 Python 编程）分解成多个阶段的小目标。例如：

第一个月，学习 Python 基础知识。

第二个月，熟练掌握 Python 语法和数据结构。

第三个月，完成一个 Python 项目。

如果你保持耐心的时间是一周，那就将上面的每月目标改成每周目标。

然后聚焦当下，先完成第一个小目标。在这个例子中，就是在第一个月内学习 Python 基础知识。当第一个小目标实现后，再聚焦下一个小目标，逐步推进。这样你将更容易实现梦想。

如果你还年轻，你会有无限可能，或者你的内在驱动力强、适应能力强、勇于承担风险、能力和资源匹配，那我鼓励你设定远大梦想，并去疯狂追逐梦想，因为人类的每一次进步都来自这些看似不可能实现的远大梦想。

但如果你是一个有梦想却不脚踏实地的人；或者是有梦想就会陷入梦想与现实的差距之中只焦虑不行动的人；又或者是会为了实现梦想采取高风险手段却又不具备足够的风险承担能力的人，那我建议你先放下梦想，聚焦当下，做好手头的每一件事。等这些事都做好了，你就会发现自己已经实现曾经以为高不可攀的梦想。

梦想并不是一个人取得成就的方式，它只是提供动力的方式之一。一个没有梦想的人，同样也可以取得不错的成就，关键在于你有没有付诸行动、持续努力和不断成长。

第二节

降低他人期待，解除沉重的枷锁

放下远大梦想是我们降低对自己的过高期待，那我们是不是可以接受来自他人的高期待，或者对他人提出高期待呢？

不久前，正好有位学员跟我诉说过这样的事。

他的直接上司为他设定了一个目标，然而这个目标对他来说无法完成。于是他如实反馈，表示这个目标不太合理。然而，他得到的回应是这样的：

领导说："之所以给你设定这个目标，是因为我对你有很高期待。目标没有合理不合理之说，就看你有没有决心！""你对自己的期待难道就只有这么一点点吗？一个人的成就是不会超过他的目标的。"

他陷入了矛盾。

一方面，他觉得领导说的话好像很有道理；另一方面，他心里没底，还是不敢接受这个自己觉得肯定完不成的目标。

"到底是哪里出了问题呢？"他很困惑地问我。

其实，有期待是对的，通过努力能实现的期待，有助于激发我们的潜力。但期待过高就不同了，如果是即使拼命努力都实现不了的期待，那么这种期待无论对被期待者还是期待者来说，都是百害而无一利的。

一、过高期待的危害

1. 对被期待者的危害

（1）行为扭曲，急功近利

一个人无论是对自己有过高期待，还是承受别人的过高期待，都可能会因为以正常手段难以达成目标，而背离客观规律，去做一些投机取巧的事。

比如，一个人想在一年内将年收入从 20 万元提高到 100 万元，他很可能不会通过勤奋工作、长时间专注于某个专业领域来达成这个目标，而是会考虑走带有运气成分的所谓捷径。他甚至会选择从事一些非法的金融活动，虽然这些金融活动在短期内可能会给他带来丰厚的回报，但最终会"竹篮打水一场空"，甚至给自己带来牢狱之灾。

（2）畏首畏尾，想赢怕输

过高期待意味着几乎没有犯错的机会。

因为即使不犯任何错误，在过高期待下设定的目标都很难实现，哪怕只犯一点点错，多消耗的那点时间或多增加的那点成本，都会导致目标无法达成。

因此，对自己抱有过高期待或承受他人过高期待的人，在行动时往往会畏首畏尾，想赢怕输。既想放手一搏，又非常担心失败。在这种心态下，本来能够成功的事情，也往往无法办成。

（3）挫败感带来的自卑或消极

过高期待还会给人带来一个巨大的危害，那就是会导致一个人产生自卑或消极情绪。

过高期待意味着你很难满足自己或他人的期待。在这种情况下，你会在持续失败后丧失自我效能感，要么变得对自己的能力缺乏信心，要么彻底放弃努力。

关于这一点，我有很深的体会。

在我指导的学员中，有些在工作两年多后就升到较高职位，尽管与同龄人相比，他们的职业发展已经相当不错了，他们却对自己感到不满意，甚至想着辞职。

相反，有些工作 5 年职位只升了一级的学员，却更积极，更乐观，对自己和未来充满自信。

为什么会有这种反差呢？ 因为前者处于一个超高期待的环境，觉得自己马上就要满 3 年工作经历了，却没有继续升职，感觉自己的表现很差；而后者在一个正常期待的环境中已经比较出色了，自然更加自信。

因此，超出个人能力的过高期待，不仅无法激励你，反而会对你造成长期的伤害。

2. 对期待者的危害

前面我们已经讨论了承受自己或他人的过高期待的危害，那么我们对他人抱有过高期待，是否也会带来危害呢？

答案是肯定的，同样有危害，这种危害主要表现在对人和对事两个方面。

对人：影响人际关系的和谐

过高的期待意味着对方基本上无法满足你的期待。当别人无法满足你的期待时，你很容易感到失望，而且期待越高，失望就越大，甚至可能因此产生怨气。

比如，夫妻之间，妻子希望丈夫在结婚纪念日能与自己一起庆祝，但丈夫却总是忘记结婚纪念日，久而久之，这种失望就会导致夫妻之间的关系变得紧张。

对事：影响做事的成功率

你给别人安排的任务，通常是期望对方能够完成的，甚至有些任务非常关键，一旦不能如期完成，就可能导致任务失败。

如果你基于过高的期待为对方安排任务，那就意味着对方无法完成任务的概率非常大。从安排任务的那一刻起，这项任务实际上就等同于失败了。

就像在足球比赛的点球大战中，你要求一个从未踢过足球的人去罚中最关键的点球，失败的结局在你提出要求的那一刻就已经注定。

二、产生过高期待的原因

既然过高期待会带来诸多危害，为什么你还会不自觉地对自己和他人产生过高期待呢？

1. 对自我产生过高期待的原因

（1）元认知水平偏低

元认知水平主要是指对一个目标的难度进行正确评估的能力，以及对自身能力客观评估的水平。

人在年轻时，很容易对自己有不切实际的期待。这是因为他们尚未进入社会，对工作情况、晋升的空间等缺乏基本了解，难以正确评估自身能力。

另外，我们都容易习惯性高估自身能力。这种习惯性高估能让我们对未来盲目乐观。例如，90% 的司机都认为自己的驾驶技术在平均水平之上。

（2）受外部比较影响

有时，我们的自我定位在很大程度上是通过与他人的比较得出的。

例如，你现在觉得一个人的身高达到 180 厘米就算高个子，这是和我国的平均身高比较得出的结论。但如果未来人的平均身高达到 185 厘米，那 180 厘米就是小个子了。

2. 对他人产生过高期待的原因

除了对自己有过高期待，我们也经常对他人抱有不切实际的过高期待。除了元认知水平低这个原因，还有两个重要原因导致这种现象。

（1）自身人格弱小

心理学上有个观点：**对他人期待太高，是自身人格弱小的表现。**

由于自身人格弱小，我们会把部分自我功能"外包"给他人，期待他们满足我们的需求，而不是通过自己的行动满足自己的需求。这种心理在家庭和工作中都有所体现。

家庭中的例子：父母将全部希望寄托在子女身上，希望子女事事都很优秀，以此弥补自己未曾做到的遗憾。

工作中的例子：上司对能干的下属有不切实际的期待，认为下属什么都应该做到。然而，如果真有这样的下属，他们为何还需要你作为领导呢。

（2）自身控制欲强

一些控制欲强的人也容易对受他们控制的人产生过高期待。这类人的期待主要基于自己的要求提出，而不考虑他人的实际情况。

有些企业管理者就是如此。他们只关心员工是否能完成他们的要求，而不顾员工的实际能力以及所遇到的困难。

既然我们已经了解了对自己和他人产生过高期待的原因，那么如何才能消除这些过高期待带来的负面影响呢？

三、作为被期待者的三种应对方法

若你承受着他人过高的期待，你可以根据下面三种不同情况采取不同对策。

1. 应对他人对你的能力的过高期待

曾有朋友向我抱怨，他的领导总是不断给他的任务加码，他咬紧牙关用了 120% 的努力，好不容易才勉强完成了这个季度的业绩，谁知领导将下个季度的业绩目标又提高了 50%。后来他累得实在受不了，宁可放弃未发放的销售提成，也坚决辞职了。

这就是未向领导传递正确的信号所导致的。因为每次领导提高要求后他总能完成任务，领导误以为他还有潜力，殊不知，他早已竭尽全力了。

因此，若他人因误判你的能力而对你产生过高期待，你应主动传递更清晰的信号，让他们正确认识你的能力。要做到哪怕对方元认知水平很低，他也能清楚地知道哪些是你能做到的，哪些是你做不到的。

当然，无法满足领导对你的过高期待是一件痛苦的事，但长痛不如短痛，如果不这么做，最后很可能会造成你们之间关系的破裂。因为对方会认为，失败不是因为他定的目标不合理，而是因为你没有付出更多的努力。

2. 应对他人人格弱小产生的过高期待

处理这类期待更棘手，因为期待者常常无视你的实际能力，只根据他们的需求来要求你。拒绝时，你还需承担道德压力。

比如，有些父母会对孩子说："我们牺牲一切都是为了你，你可千万要争气，别被隔壁家的孩子比下去。"

面临经营困境的老板会和你说："公司能不能经营下去就全靠你了，这个项目你一定要得到。"

面对这类期待，你要学会控制对方的期待，从一开始就不附和。对方经历多次你的不附和后，自然不再对你抱有不切实际的过高期待。

3. 应对因强控制欲产生的过高期待

若对方有强烈的控制欲，不必期望他们对你产生合理期待，因为他们只关心自己的需求，而不考虑你的实际情况。

针对这类情况，长期来看，只要有机会你就要远离这样的人。

短期内，你可以利用这种难得的高压环境充分发掘自己的潜能，让自己更快成长。但务必要留意的是，此时一定以个人的成长而不是结果的好坏作为主要衡量标准，以免自己因受挫而自卑。

四、作为期待者的两种应对方法

若你是期待者，你也可以针对自己对自我和他人产生过高期待的不同原因，适当调整自己的行为。

1. 提高自我的元认知水平

更准确地评估自身能力和任务难度，降低对自己不合理的过高期待，不要明明 10 天才能完成的任务，偏偏期待自己 3 天就能完成，并且干好。

这种自我高期待，并不是什么优点，它只能证明你的元认知水平低下。

降低过高期待后，你任务完成的概率更高，你的身心也会更健康。

2. 合理控制因外部比较产生的欲望

绝大多数欲望都是通过外部比较产生的。

如果你能减少外部比较的影响，更多地按自己的原则行事，你会发现你再也不会因为不合理的自我高期待而焦虑或自卑了，你会活得更轻松。

记住一点：**成功故事和种种光鲜的包装之所以会吸引眼球，大多是因为这些事物很少见。因为少见，所以才会被广泛宣传。**

少见的个例宣传多了，会让你误以为极小概率的事很容易做到，不合理的自我高期待就这样被激发了。但其实，你完全没必要去和这种极小概率的事做外部比较。

3. 对任何人都不抱有过高期待

某论坛上曾有人问：开心的秘诀是什么？

高赞回答：永远不要对任何人期待太高。

无论是什么原因产生的对他人的过高期待，都会对你的人际关系以及做事成功率产生负面影响。因此，最简单的应对方式就是避免对任何人抱有过高期待。

这样既能防止因人格弱小而产生依赖，也能避免因控制欲过强产生虚假的掌控感。

当你对他人没有过高期待时，即使对方表现不尽如人意也不会影响你的状态，甚至你还能从容面对。

有期待，能让你做成很多原以为自己做不到的事，这是很有积极意义的，但期待过高则会毁掉一个人。

它会让一个人因急于求成而急功近利、因不必要经受的挫折变得自卑、因过多的失望导致人际关系紧张、因不切实际的期待导致事情失败。

所以，过高期待不仅不能给成功插上翅膀，反而会是困住你的一具沉重的枷锁。

正如那句话："**把期望降到最低，所有的遇见都是礼物。**"明白这个道理后，你会释然很多，快乐很多。

第三节

无须目标实现，目标价值依然存在

前两节我们探讨了如何放下自己过于远大的梦想，如何减少过高期待，其本质就是设定更实际的目标，但即便是这种已经降低期待后的目标，你没能实现也没有关系。

为什么呢？

想象一下，你设定了一个年度目标，然而这个目标在年底并没有实现，那么这个目标是否依然有价值呢？

实际上，这个目标是否实现对这个目标的价值没有直接影响。关键在于你如何去实现这个目标，这决定了目标的价值所在，即目标是否能让你不断提升。

目标的核心价值在于提供一个整合技能、知识和资源的"靶心"。只要你在实现目标的过程中提升了自己的综合能力，即使目标没有实现，也仍然具有价值。这正是"失败是成功之母"的深层含义。

对刚踏入职场的年轻人来说，理解目标的核心价值尤为重要。因为你可能还不清楚自己的兴趣和能力，很难设定未来 10 年甚至一生的目标。这时，从手头的工作任务出发，设定一个月度、季度或半年的目标即可。关键在于这个目标能让你全力以赴地学习新技能、新知识，并积累更多资源。

只要你这样做了，同样工作半年，其他人可能还在迷茫，而你的综合能力已经得到了提升。

现在你明白了，目标的最大价值并不在于目标本身，而在于在实现它的过程中所获得的能力提升和资源积累。然而，并非所有的目标都有这样的作用。

那么，什么样的目标才真正有这样的作用呢？以下四个标准可以帮助你判断。

一、高质量目标的四个标准

结合我多年的实践经验，并汲取马里兰大学教授埃德温·洛克（Edwin Locke）的目标设置理论、心理学家爱德华·德西（Edward Deci）和理查德·瑞安（Richard Ryan）的自我决定理论，以及阿尔伯特·班杜拉的自我效能理论，我总结了高质量目标的四个标准。

1. 自主设定

目标设置理论强调对目标的承诺，这意味着设定目标后，你需要避免给自己留下降低或放弃目标的余地。

因此，高质量目标的第一个标准是：这个目标源于你自己内心的渴望，而非外部的激励或压力。因为，基于外部原因设定的目标可能引发你内心的抵触，遇到挫折时降低或放弃目标的可能性也会更高。

自我决定理论中的自我一致性（self-concordance）观点也指出：如果目标与你的内在兴趣或核心价值观相一致，那么你实现目标的可能性更大。即使目标最终没有实现，你也会感到满足，因为努力的过程充满了乐趣。

比如，你自主设定了一个微信公众号月引流 1 万人的目标，与公司要求你做到月引流 1 万人相比，前者的实现可能性更高。即使最后目标没实现，你获得的成就感也会更强烈。

2. 可衡量

目标必须是具体且可衡量的。众所周知的 SMART 原则就反复强调目标应当明确、具体、可衡量。

目标设置理论的提出者埃德温·洛克教授，在大量实验室研究和现场调查后发现，明确的目标相较于"尽力而为"，更能提高工作绩效。

因此，与"体重要比去年轻"相比，"每周减重 1 千克，每月减重 4 千克，以半年为周期"的目标更能帮你早日减重。

3. 有挑战性

目标除了要可衡量，还需有挑战性，也就是要"跳一跳"才够得到。例如，若你设定的目标是"半年瘦 0.1 千克"，那你压根不用"跳"，"躺着"就能实现，这种容易实现的目标就不符合有挑战性的要求。

目标设置理论指出，与容易实现的目标相比，接受有挑战性的目标，你更可能：

集中注意力；

精力充沛；

坚持不懈地实现目标；

发现更有效的策略。

因此，虽然相较于"半年瘦 0.1 千克"，选择"每周减重 1 千克，每月减重 4 千克"，会让你的减重之路走得更坎坷，但你也会更有收获。

4. 高频反馈

高价值目标除了要自主设定、可衡量、有挑战性，还需支持高频次的目标执行反馈。

高频反馈的目标可以让你及时了解进展，从而增强自我效能感并持续推动目标实现。

例如，"每周减重 1 千克"的目标可以让你迅速了解减重进展。

若本周减重进展良好，可继续努力；若进展不佳，你也可以及时反思原因：是不是因为这周运动量不够或者前天多吃了一顿烧烤？

这也是为何以季度为周期的 OKR 方法在互联网公司比年度目标管理方法更受欢迎。

综上所述，高质量的四个标准分别是：自主设定、可衡量、有挑战性、高频反馈。虽然在某些情况下，如领导给定的目标，你无法选择"自主设定"，但后续我将给你提供一个解决方案，让你在目标不是"自主设定"的情况下，也能良好地执行。

二、迅速制定高质量目标四步法

现在你已了解高质量目标的四个标准，但这只是制定目标后的检验准则。那么如何才能制定出这样的高质量目标呢？遵循以下四个步骤，你将能轻松实现。

1. 确立定性目标

尽管高质量目标需要满足可衡量这一标准，但开始却很难直接达到。若过早关注目标的可衡量性，可能会导致目标设定偏离或过于局限。

例如，原本希望"提升个人沟通能力"的目标，为了追求可衡量性，变成了"3个月后说服1个同事帮自己代值班1次"。虽然有了量化的指标，但这与最初设定目标时的期望并不相符。

因此，首先需要确立定性目标。定性目标应回答：我要朝哪个方向发展？在确立定性目标时，可分为以下三个步骤。

（1）以动词开头写做什么

以动词开头，如提升、达到、创造等。例如，"提升沟通能力"。

（2）加上有挑战性的程度

这个程度一定是以自己目前的能力和资源所达不到的。例如，你可以在"提升沟通能力"后面加上程度，变成"提升沟通能力到可以轻易打动人心的程度"。

（3）以可实现的标准修正目标

虽然目标应有挑战性，但不能过于遥不可及。不要制定完全无法实现的目标，如"身体飞升至其他星球"。

"有挑战性"与"可实现"没有具体的量化标准，你自己心中认为是否有可能做到就是标准。从这个标准出发，可以将"提升沟通能力到可以轻易打动人心的程度"改为"提升沟通能力到在提前准备的情况下，可以说服别人按自己的建议行事的程度"。

2. 用 5why 法[①] 验证目标的合理性

在确立定性目标后，你需要判断它是否真正符合需求。

一个有效的方法是使用 5why 法来追问自己追求目标的动机，若发现目标不符合需求，需回到上一步重新确立定性目标。在使用 5why 法验证目标合理性的过程中，你还会收获一个副产品：发现目标背后的驱动力。

在理想情况下，你制定的目标应源于个人兴趣。例如，你天生善于交际，热衷于与他人沟通，那么"提升沟通能力"的驱动力便十分充足。然而，现实往往并非如此，许多想提升沟通能力的人可能不太喜欢与人交流，却迫于工作压力，不得不提升这方面的能力。

这类因外部原因制定的目标可能不符合高质量目标的"自主设定"标准，怎么办呢？

解决方法也很简单，就是将学习结果与你的本能欲望挂钩。

---

① 5why 法是指对一个问题连续多次追问为什么，直到找出问题的根本原因。——编者注

拿很多人学不会做饭为例，如果你想要给爱人亲手做一顿美味可口的晚餐，你是不是更容易学会做饭呢？

3. 拆解出定量目标

在确立定性目标后，需要拆解出定量目标。这些目标需回答：哪些指标能证明目标已实现？

以"提升沟通能力到在提前准备的情况下，可以说服别人按自己的建议行事的程度"这个目标为例，如何验证你已实现目标？

这时，你就可以结合你的实际工作情况，拆解出在一定期限内可衡量的目标（可用 SMART 原则来验证）。

例如，设定不超过 5 个量化目标：1 个月内，用不超过 1 小时完成沟通前的准备清单；2 个月内，与同事或领导沟通时全部应用准备清单的内容；3 个月内，至少让团队成员接受我提出的建议的50%。

定量目标应有挑战性，让你"跳一跳"才能实现。拆解出定量目标后，高质量目标的可衡量标准就得以满足了。

4. 周期性反馈和更新

在将定量目标拆解为在一定期限内可衡量的目标后，你还需检查这些目标是否符合高质量目标的高频反馈标准。

　　例如，如果你的目标是"3个月内提升沟通能力"，但你拆解出的定量目标都需要3个月才能衡量，那么这样的目标就达不到高频反馈标准。你需要进一步将目标拆解为适合你的周期性检查频次。

　　假如你适合的周期性检查频次以月为单位，那么第三步中拆解出的定量目标已经非常合适；如果你适合的周期性检查频次以周为单位，那么你需要将第三步中拆解出的定量目标的反馈周期进一步调整到每周。

　　以"1个月内，用不超过1小时完成沟通前的准备清单"为例，可以将其调整为如下目标：

　　第1周可用不超过3小时完成沟通前的准备清单；

　　从第2周起每周减少1小时，直至不超过1小时。

　　经过这样的调整，当你实现目标时会拥有更强的自我效能感，从而更有动力去坚持。周期性反馈和更新有助于确保目标的高质量，并让你在实现目标的过程中有信心。

　　成为一个有目标的人对你来说具有巨大价值，然而这个价值并非仅来自目标是否实现，还在于在实现目标的过程中，你的能力和资源是否得到了提升和积累。

　　如果目标实现了，但你的能力和资源并未发生变化，那么这个目标的实现就失去了意义。相反，即使目标没有完全实现，但你在能力提升和资源积累方面取得了显著成果，那么这个目标便具有很高的价值。

因此，通过遵循制定高质量目标的四个步骤，你可以制定符合自主设定、可衡量、有挑战性和高频反馈标准的高质量目标，从而使目标为你创造更大的价值。

第四节

承认运气制约，可能更会好运连连

现在你也许已经清楚，一个人能否取得成就并不一定与他的梦想、期待和目标有必然联系。

既然梦想、期待和目标与能否取得成就没有必然联系，那么只剩下一个问题：是否个人足够有能力和努力，就一定会有所成就？

关于这个问题的答案，我们可以看看巴菲特 2017 年致股东信中的一段话：

"假设有 1000 位经理人在年初进行市场预测，那么至少有一位经理的预测很可能在未来连续 9 年里都是正确的。当然，1000 只猴子中也有可能出现一个貌似无所不知的预言家。但二者间仍有区别：幸运的猴子不会遇到人们排队找它投资的情况。"

巴菲特所举的猴子进行投资预测的例子有些抽象，我们可以再通俗易懂地解释一下。

设想有 1000 只猴子进行投资预测，猜错就淘汰，猜对则下一年继续猜。

根据统计概率，每一轮大约有一半的猴子会被淘汰。因此，从 1000 只猴子开始，约有 500 只猴子在第二年继续预测，再经过一轮淘汰留下约 250 只猴子在第三年继续预测，以此类推。

神奇的是，9 年后，至少会有 1 只猴子留下来！

这只猴子就是巴菲特在致股东信里提及的"无所不知的预言家"，因为它连续 9 年都做出了正确的投资预测，于是这只猴子就被各路投资者崇拜了。

巴菲特举的这个例子告诉我们：只要有足够多的猴子，哪怕它们没有任何投资技能，也会有一些猴子因运气而成为预测专家。

那么，这是否意味着相较于能力和努力，运气对我们的成功更加重要，因为它甚至可以塑造一个投资天才？

在回答这个问题之前，我们需要先弄清楚：运气究竟是什么？

一、运气的本质是什么

有人解释说，运气是生命运动气化规律的简称。从概率论角度看，运气是"一种小概率事件"；从系统论角度看，运气是"复杂系统的非线性体现"。

我认为，运气的魅力恰恰就在于没有规律。

1. 运气是一种小概率事件

你对自己行动后的结果一般都有一个基本预期，例如，努力工作就会升职加薪，考不上大学生活可能会很艰难等。

这种预期本质上是一个大概率事件，因为你自己过往的经验或者大多数人的类似经历，都说明了预期的这个结果更有可能发生。

然而，人类现在还无法确保一件事会百分之百发生，因为我们尚未洞悉宇宙最本质的规律。所以，哪怕只有 0.001% 的不确定性，也意味着意外仍会发生。

例如，有些人没考上大学，却在生意上取得了成功。这种小概率事件的发生，在很多人眼中就被视为运气好。诸如此类的例子还有很多。

比如，足球和篮球比赛中的夺冠大热门爆冷输球，就是一种小概率事件，在人们眼中就叫"运气差"。

再比如，双色球中奖的概率是一千七百多万分之一，以这么一个无限接近于零的概率中奖，在人们眼中就叫"撞了大运"。

2. 运气是复杂系统的非线性体现

虽然概率论中的运气成为现实的概率很小，但依然有迹可循。比如双色球总是有人中奖，体育比赛总是有人夺冠，只不过有时是不被看好的人夺冠。

然而，还有一种运气是所有人都预见不到、完全无迹可寻的。例如，在生物演化中人类的出现，或者蝴蝶效应。用系统论来解释，这两种运气分别是复杂系统的涌现现象和混沌现象。

（1）涌现现象

简单来说，涌现现象是指多个要素组成系统后，出现了系统组成前单个要素所不具有的性质。

比如，原本只有生物本能的一只只蚂蚁，可以组成一个具有较高智慧的蚁群；又比如，一个个简单的细胞，可以组成一个有高度智慧的人。

（2）混沌现象

简单来说，混沌现象是指确定的系统可能产生随机的结果（这是因为初始条件的极度敏感性）。

例如，在气象学模型中，同样输入 37.1 摄氏度的初始条件，第一次计算结果可能是晴空万里，第二次计算结果则可能是风雨交加。

复杂系统中的涌现现象和混沌现象，与你大脑通常采用的线性因果思维完全不一致，因此这两种现象一旦发生就会被归为运气。

你所处的自然生态系统、社会系统都是复杂系统，甚至是复杂巨系统，因此不可避免地会有各种"运气"式的涌现现象和混沌现象发生。

这也是为什么作为传统决策理论基础的简单线性因果关系模型，在复杂的市场环境中会失灵——在复杂系统下发生的各种事件的结果是无法预料的。

二、关于运气的认知误区

了解运气的本质后，你也许就更容易理解以下两点了。

1. 完全不含运气的成功是不存在的

在复杂的社会系统中，自然会有各种涌现现象和混沌现象发生，而这些现象是否发生又是你不能控制的。因此，你最终取得的成果多多少少都有运气成分。

你所处的环境越复杂，取得的成果越多，其中的运气成分就越大。

2. 运气是不可以被依赖的

无论是概率论中的小概率事件，还是系统论中的涌现现象和混沌现象，都无法被预测到（能预测到就不是运气了）。

因此，虽然客观上成功都包含一定运气成分，但主观上依赖运气的做法却是完全不可取的。例如，守株待兔这样纯靠运气的事我相信你是肯定不会去做的。

尽管这一道理浅显易懂，但为何绝大多数人都无法客观地看待成功呢？这个问题可以从社会心理学以及自我可控度两个维度来解释。

在社会心理学维度，有个很有趣的发现被称为"自我服务偏差"，它是指人有一种将成功归于内因，将失败归于外因的倾向。

例如，公司业绩好，老板会更多地将此归因于自己指挥有方；业绩不佳，老板则会归因于下属能力不足。

因此，人行好运时，哪怕某个成果主要是因为运气因素取得的，他也更愿意相信这一切都是靠自己的能力和努力争取来的。

同理，一位长期诸事不顺的人更有可能将此归因于运气差，感叹命运不公，因为相较于怀疑自身能力，向外归因这种做法更容易解决认知上的失调。

在自我可控度维度，自我可控度越高，人就越容易忽略运气的影响，更强调能力。

例如，一位初入职场的大学生更容易高看自己的能力。因为这时他所做的事情相对比较简单和确定，受外部因素影响少，自我可控度高。

随着一个人的职位越来越高，或者要处理的问题越来越复杂，其自我可控度就会越来越低，这时就更会看重运气的因素。

因为他们认为，相较于个人能力，运气对自己能否成功的影响更大。

三、如何对待运气

在理解了运气的本质以及我们对运气的认知误区之后，应该如何做呢？你可以参考下面三种方法。

1. 在规划时，减少对好运气的依赖，增加对坏运气的防范

身处自然生态系统或社会系统中，你总会遇到各种小概率事件、复杂系统中的涌现现象和混沌现象。这些事件和现象有时会给我们带来好运气（例如中奖），有时则带来坏运气（例如过马路时被车撞）。

然而，**无论是好运气还是坏运气，它们都是你无法控制的。**因此，在计划做某事时，你要尽量忽略好运气的存在，并为可能

出现的坏运气做好风险储备。

例如，在创业筹备时，不能只按最小月开支成本准备不足 6 个月的资金，而是要按可能的最高月开支成本，至少备足 12~24 个月的资金，为可能出现的坏运气做足准备。这样一来，创业成功的概率就相对更高。

2. 打造捕捉好运气的必要基础条件

虽然我们无法预知好运气是否会降临，但可以确定的是：如果连必要的基础条件都不具备，好运气即使降临，我们也无法抓住。

就像你一直看好某只股票，期待它能大涨。日复一日，年复一年，终于有一天这只股票大涨了，但你却没有持仓这只股票。

在这个例子中，提前买入这只股票就是你抓住好运气必要的基础条件。

同样，在职场中，你需要至少磨炼好自己的思维能力、学习能力等核心基础能力，才有可能抓住好运气。

3. 坦然接受运气带来的各种结果

这是本节最重要的建议。你无法控制运气，但你完全可以控制自己面对运气的态度。

有时我们会遇到各种好运气，此时要保持头脑清醒，不要将好运气视为可控且可持续的资源，因为下一次这样的好运气可能不再出现。而在运气不佳的时候，更要坚定信念，冷静面对困难。在这种情况下，我通常会告诉自己"谋事在人，成事在天"，尽情享受全力以赴努力的过程，而不过于担忧运气不佳带来的结果。

只要你具备足够的风险储备意识，不让自己一次就被坏运气击得一蹶不振，那你成功的概率就会更高。

通过以上三种方法，你可以更好地对待运气这一不可预测的因素，为自己的成功创造更多的可能。

无论你是否承认或是否意识到，**运气始终伴随在你左右，既有好运气也有坏运气。** 承认能力和努力的局限性，意识到运气对个人成就的影响，你会发现自己遇到好运气的机会不知不觉变多了，在遇到坏运气时的抵抗能力也变得更强了。

本章小结与讨论

由于认知局限，我们往往误以为要取得成就，必须树立远大梦想，对自己和他人抱有过高期待，目标必达。也许你还相信"人定胜天"的观念。因此，你可能不断给梦想、期待、目标和努力加码，却发现越这样做越难以取得心目中的成就，最后陷入一个恶性循环。

这种困境并非只有你会遇到，我也曾深陷其中。就像我在刚创建 YouCore 公众号时，就盲目地给刚从公司市场营销岗转型公众号编辑的员工布置了首月新增 3 万关注量的任务。因为我觉得我们要么不做，要做就得做百万级关注的大号。然而，当我意识到远大梦想、过高期待、目标必达、"人定胜天"等，实际上都是建立在一定运气的基础之上，而且仅适用于那些具备强大内在驱动力、适应能力强、勇于承担风险以及能力和资源匹配的少数人时，我成功地跳出了这种困境。

对你我这样的普通人来说，更有效的方法是做好减法，聚焦

当下、降低期待、不过分追求目标实现、认识到运气的制约。这
样，我们反而能更好地拓展自己的能力和资源边界，最终取得超
出自己想象的成就。

第三章

减少过度消耗

你是否羡慕那些经常夸耀自己超级努力的"自律超人"？

他们声称每天只睡 4 小时，还会经常搬出拿破仑的所谓名言"男人每天睡 6 小时，女人睡 7 小时，而白痴睡 8 小时"。

此外，他们还可以工作 16 小时，午饭时间只要 3 分钟。

不只是一天如此，他们号称可以几十年如一日地保持这种生活方式，绝对严格地执行，例如，无论发生什么事，都会每天早上 6:01 醒来。

这些故事的真假我们先不讨论，即使它们是真实的，这种方式也不适合普通人，仅仅适用于极少数天赋异禀的人。

以每天只睡 4 小时为例，因为基因的差异确实有人只需要 4 小时的睡眠，但如果你也尝试只睡 4 小时，那么很可能不仅白天会晕晕沉沉，人也会变得非常暴躁、没有耐心，反而什么事都干不好。

而且长期睡眠不足，对你的生理和心理健康还会产生很大的伤害。因为人体组织的修复与再生、大脑神经元代谢产生的废物排出，都需要在睡眠状态下才能正常进行。长期缺觉的话，人体的免疫功能会受损、体内的炎症反应会增加、大脑神经元会损伤和死亡。

你看，少睡的 3~4 小时，不仅不能给你带来什么好处，反而会降低你的效率、损害你的生理和心理健康。

正确的努力不是熬时间增加消耗，而应该是减少体力、脑力、情绪和意志力的消耗，以更充沛的体力、更敏锐的大脑、更稳定的情绪以及更强大的意志力来完成更具挑战性的任务。

第一节

减少体力消耗，让精力更充沛

充沛的体力是成就任何事业的底层要素，体力过度消耗不仅会影响你的精力，甚至会伤害到健康，阻碍你事业目标的实现。

如何避免体力过度消耗呢？在睡觉、吃饭和运动这三件事上，我摸索出一些心得和经验，在本节分享给你。

一、学会睡觉

睡眠不足会导致身体疲惫、注意力不集中、反应迟钝、免疫力下降等问题。因此，要保持一个良好的体力水平，需要优先确保充足的睡眠时间和良好的睡眠质量。

1. 充足的睡眠时间：睡多久合适

睡多久合适，因人而异。

美国加州大学旧金山分校的傅嫈惠教授的实验室发现，少数人因为体内的 DEC2 基因发生变异，每晚最短只需睡 4 小时就能得到足够的休息——该研究结论于 2009 年被发表在《自然》杂志上。但是这种基因变异非常罕见，大多数成年人每晚需要 7~9 小时的睡眠才能保持身体健康和良好的体力水平。

不过，相较于睡眠时间，用睡眠周期来衡量合适的睡眠时间更为科学。

睡眠周期分为两个阶段：非快速眼动（non-rapid eye movement, NREM）睡眠和快速眼动（rapid eye movement, REM）睡眠。

前者包括 4 个阶段，其中前两个阶段为浅睡眠，后两个阶段为深睡眠；后者只有 1 个阶段，这个阶段人的大脑活跃度高，会做梦，身体则完全放松，处于"瘫痪"状态。

睡眠周期如图 3-1 所示。

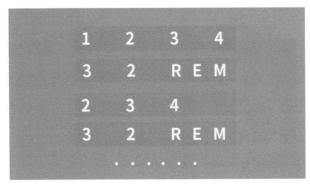

图 3-1　睡眠周期示意图

这个过程就像人在海中几经沉浮一样：

- 经过非快速眼动睡眠的 1、2、3、4 阶段，身体逐渐沉入海底，从浅睡眠进入深睡眠。

- 经过非快速眼动睡眠的 3、2 阶段，身体逐渐浮上海面，进入快速眼动睡眠阶段，这是第一个睡眠周期。

- 继续经过非快速眼动睡眠的 2、3、4 阶段，身体又沉入海底，从浅睡眠进入深睡眠，再经过非快速眼动睡眠的 3、2 阶段，身体再度浮上海面，进入快速眼动睡眠阶段，这是第二个睡眠周期。

- 多次循环，经过 3~6 个睡眠周期，身体最后上岸，也就是睡醒了。

第一个睡眠周期沉入海底的时间比较长，也就是非快速眼动睡眠占比较大，浮上海面的时间较短，也就是快速眼动睡眠的时间较短。

在之后的周期里，沉入海底的时间越来越短，也就是非快速眼动睡眠越来越短；浮上海面时间越来越长，也就是快速眼动睡眠的时间越来越长。

这就是当你睡了很久，醒来以后感觉不停在做梦的原因，因为你基本上都处在快速眼动睡眠阶段。

曼联俱乐部御用运动睡眠教练尼克·利特尔黑尔斯（Nick

Littlehales），在他的著作《睡眠革命》中提出了 R90 睡眠方案。他认为，**用时长 90 分钟的睡眠周期衡量睡眠时间，而不是睡了多少小时，更有助于提高睡眠质量。**

具体实现时，你可以自行选择入睡时间，但入睡时间取决于你的起床时间。从起床时间开始，根据时长 90 分钟的睡眠周期向后推算。

比如，每晚睡 5 个周期，每个周期时长 90 分钟，也就是 7.5 小时。

如果你 7:00 起床，那理想情况是前一天 23:30 入睡，这样你就不会在睡眠周期中被唤醒，令自己更加疲惫。

对大多数人来说，一周 35 个睡眠周期（每天 5 个周期，睡眠时长 7.5 小时）是相对理想的，28 个睡眠周期（每天 4 个周期，睡眠时长 6 小时）是最低限度。

你可以参考这个睡眠周期区间，结合你的实际情况，灵活调整睡眠时长。

了解了理想的睡眠时长是多久，我们可以进一步探讨如何提高睡眠质量。

2. 良好的睡眠质量：如何睡更好

最基本的方法，是形成自己的生物钟，不要总是打破自己的生物节律，让身体无所适从。

例如，你可以固定工作日 7:00 起床，23:30 上床，节假日 7:30 起床，24:00 上床。而不是今天 6:00 起床，明天 8:00 起床，后天又 7:00 起床，让身体无法形成生物钟。

在形成了生物钟的基础上，你可以继续对睡前、睡中、睡后三个阶段做优化。

（1）睡前优化

除了喝热牛奶、洗热水澡、调暗灯光这些你知道的方法，还有一点要特别强调的是：**调节褪黑素的分泌。**

第一，睡觉前一定要远离蓝光，也就是要避免睡前玩手机，因为蓝光会抑制褪黑素的分泌，提高人的灵敏度。回忆一下，当你睡不着的时候打开手机刷短视频，是不是越刷越精神，一不小心就到天明了。

第二，白天多晒日光。你现在知道睡眠质量和褪黑素的分泌相关，但你可能不知道褪黑素的合成又和血清素相关，而血清素会在受到阳光刺激的时候，开始合成。因此，如果你想提高晚上的睡眠质量，可以多晒晒太阳，比如早起在阳光下跑步、上下班时增加一段在阳光下走路的路程、中午在阳光下走路去吃午餐而不是叫外卖。

（2）睡中优化

你平时在家里睡觉，可能没有什么问题，因为睡眠环境都布置好了。但如果出差要睡在火车卧铺，这时该怎么办呢？

在这种环境下，就可以用上眼罩和耳塞了，这样不管是亮光，还是周围人走来走去的噪声，甚至是惊天动地的鼾声都很难影响你。

我相信你使用眼罩肯定没问题，但很多人使用耳塞的方法有问题。我有朋友就跟我说，他用耳塞一点效果都没有，周围的噪声还都听得到。这是因为他没有掌握耳塞使用的正确方法。

使用耳塞的要点就是，**在将耳塞塞入耳朵之前，一定要将它搓细**，如图 3-2 所示。

图 3-2　使用耳塞的要点

搓细后的耳塞塞入耳朵后，会膨胀回原来的形状，这样耳塞跟耳朵之间就没有让声音漏进来的缝隙，你的世界一下就安静了。

（3）睡后优化

睡后优化最关键的一点就是：**绝对不赖床。**

现在你已经知道，睡眠是有周期的，赖床只会增加一段中断的睡眠周期，反而会让你更疲劳。你回想一下，你醒了后再继续睡时，是不是不断做梦呢？

虽然知道了不赖床最好，但你可能会说："我已经有赖床习惯了，确实起不来，怎么办呢？"

如果是这种情况，你可以为自己设定一个近在眼前的起床奖励。比如，可以叫一份有保鲜要求的早餐外卖，为了吃上美味的早餐，你就有动力快速起床了。

像上面建议的那样，保证充足的睡眠时间、保持规律的睡眠周期、调节好褪黑素的分泌、营造良好的睡眠环境，你的睡眠质量就会有所改善。

学会睡觉是避免体力过度消耗的第一个要求，接下来我们继续来聊避免体力过度消耗的第二个要求：好好吃饭。

二、好好吃饭

如何才算做到好好吃饭了呢？做到下面四点就算做到了：结构化饮食；习惯化进食；应对情绪性进食；应对社交聚餐挑战。

1. 结构化饮食

结构化饮食，是指按食物的能量结构和三餐的不同侧重点来吃。

（1）按食物的能量结构来吃

你吃各种食物，归根结底是给身体提供七大类营养素：碳水化合物、蛋白质、脂类、维生素、矿物质、膳食纤维和水。

这么多营养素要怎么吃才能全部摄入呢？

做起来其实很简单，只要照着《中国居民平衡膳食宝塔（2022）》的图来做就可以了（见图3-3）。

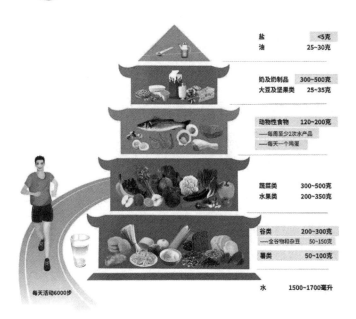

图 3-3 中国居民平衡膳食宝塔（2022）

如果你依然觉得有些复杂，还可以参照营养师田雪提出的"211饮食法"。按每个人的拳头大小确定每餐的食物量：2拳头蔬菜、1手掌蛋白质、1拳头主食。

这样吃不仅能吃饱，也能满足你的身体对各类营养素的需求，保证你精力充沛。

值得注意的是，任何时候都要少吃高糖食物（这里特指人工加糖食物，如奶茶、冰激凌、蛋糕等）。

你可能知道高糖食物容易导致肥胖，但你不知道的是，含糖量高的食物还有三大危害。

①对大脑有害，会影响你集中注意力和保持情绪稳定；

②加速衰老；

③破坏身体激素平衡，脸上容易长痘。

（2）按三餐的不同侧重点吃

早餐：一定要吃，而且要吃好。

在吃早餐之前，你已经有10小时左右没有进食，完全是空腹状态，此时血糖水平很低。低血糖将影响大脑能量供应，进而影响你大脑的状态和思考能力，对你整个上午的学习和工作效率产生不良影响。

因此早餐的侧重点就是使血糖升至正常水平，碳水化合物、蛋白质、维生素这三类营养素需要有足够量的供应。

具体的饮食结构和数量，你可以参考 100 克碳水（面包、面食或稀饭）、200 克牛奶、50 克鸡蛋、100 克水果或者 150 克蔬菜沙拉。

营养科医师夏萌在《你是你吃出来的》这本书中，提供了六种符合以上饮食结构要求的早餐组合，你可以将它们用作你的早餐食谱。

四种中式早餐组合如下：

第一种：包子（碳水化合物）+ 鸡蛋（蛋白质）+ 果蔬汁（维生素 + 膳食纤维）。

第二种：烙饼（碳水化合物）+ 鸡蛋、牛奶（蛋白质）+ 水果（维生素 + 膳食纤维）。

第三种：火烧（碳水化合物）+ 鸡蛋、肉类、豆浆（蛋白质）+ 蔬菜（维生素 + 膳食纤维）。

第四种：五谷杂粮饭（碳水化合物）+ 鸡蛋、牛奶（蛋白质）+ 水果（维生素 + 膳食纤维）。

两种西式早餐组合如下：

第一种：全麦面包（碳水化合物）+ 火腿、鸡蛋（蛋白质）+ 果蔬汁（维生素 + 膳食纤维）。

第二种：土豆（碳水化合物）+ 鸡蛋、牛奶（蛋白质）+ 果蔬汁（维生素 + 膳食纤维）。

午餐：遵循"三足鼎立"原则。

午餐的关键同样在于搭配好饮食。

营养科医师夏萌建议遵循"三足鼎立"原则，即让蔬菜占据餐盘的一半，蛋白质类食物（如鱼虾、牛肉、鸡肉、瘦猪肉）占餐盘的 1/4，主食类食物（如米饭、面条、馒头等碳水化合物）占餐盘的 1/4。

或者，你可以简单地记住多吃鱼肉、蔬菜，少吃一点米饭或面食（或者将主食改成红薯、土豆这些富含膳食纤维的粗粮），这样既保证了营养均衡，又让你在下午的工作中没那么容易疲劳。

晚餐：要清淡、低蛋白。

晚餐同样需要遵循平衡膳食的原则，即应包含蛋白质、碳水化合物和维生素。从保持精力充沛和促进睡眠的角度来看，晚餐更适合选择清淡、低蛋白的食物。

在晚餐中应避免食用含咖啡因的食物、豆类食物和辛辣食物，这些食物会刺激神经系统，进而影响睡眠。

另外，晚餐的进食时间也需要注意。如果你通常在 23:00 左右睡觉，那么 18:00—20:00 之间吃晚餐最合适。20:00 后最好不再进食，如果实在感到饥饿，可以喝一些牛奶或酸奶。

2.习惯化进食

知道如何进行结构化饮食后，如何能日复一日地坚持下来呢? 方法就是,**有意识地去调教你的肠道菌群。**

你的肠道菌群里藏着你过往喜欢吃的各种食物,之所以你爱吃这个、不爱吃那个,就是肠道菌群在向大脑传递信号"我现在想吃……"。

肠道菌群对大脑的控制,远远超过你的自制力。我有个朋友特别喜欢吃辣条,她加班累了只需吃一包辣条就能恢复活力了,让她戒辣条简直比登天还难。

因此,如果你违背肠道菌群的饮食习惯,想一步到位改过来,大多会因为忍不住而失败。比如:

你想减肥少吃米饭,可菜太下饭,于是你吃掉 2 大碗米饭,想着下顿再少吃米饭……

你想戒零食,忍得太辛苦,于是刷吃播视频解馋,一股魔力却让你迅速下单买了一堆饼干和辣条,吃完这些再戒吧……

更顺应饮食习惯,也更能长期坚持下来的做法,是将你的肠道菌群调教成喜欢有营养的健康食物,而不喜欢有大量添加剂的各种食品。

简单又行之有效的方法是参考食品配料表选择食品。

在理想情况下,吃纯天然的食物当然是最好的,但我们日常难免会买一些半加工的食品。

但你可以通过查看食品包装上的配料表,选择营养结构更符合要求的食品，避免被商品名称和广告误导。食品包装上的配料表标出的成分是按照含量从高到低排列的，也就是说，排在第一位的成分加入的量最多，排在第二位的次之，以此类推。

以一瓶奶制饮品为例，如果食品添加剂的位置靠前，甚至排在其主要原料（如牛奶、水）前，那就说明食品添加剂含量比较高，需要慎重考虑是否购买。

再例如，购买全麦面包。

一个是"低糖全麦面包"，它的配料表为：面粉、水、人造黄油、酵母、盐、全麦粉，面包改良剂……

另一个是"全麦切片面包"，它的配料表为：全麦粉、水、鸡蛋、奶油、无糖改良剂、酵母、盐……

你会发现，第一种全麦面包中全麦粉的含量比盐还要少，哪里能称之为"全麦面包"，你自然就明白该购买哪一种了。

3. 应对情绪性进食

知道了结构化饮食，也学会了如何养成习惯化进食，不出意外的话，你已经可以很好地控制饮食了。

但你的饮食需求不仅仅是为了满足生理需求，还与你的情绪紧密相连。在生活压力大或感到疲惫时，你可能会本能地寻求食物来满足情感需求，从而缓解压力，这就是情绪性进食。

情绪性进食并不是为了满足生理需求，而是为了满足情感需求，让你在得到情感满足后更有精力去努力。要应对情绪性进食，你可以尝试下面两种方法。

（1）找到情绪性进食的诱因

当你发现自己在非正餐时间想吃东西时，停下来想一想，是真的饿了还是有其他原因，比如压力、疲劳、挫败感等。

找到诱因后，你可以采取适当的应对措施，如休息、听音乐、喝茶等，帮助自己平稳情绪。

（2）选择健康零食替代不健康零食

如果你觉得完全戒掉零食会让生活变得乏味，可以尝试用健康零食替代不健康的零食。例如，你可以在下午茶时用一杯美式咖啡替代蛋糕；或者选择高蛋白的零食，如牛肉干；也可以参考营养专家的建议，选择一些低脂零食，如脆干枣、冻干水果等。

允许自己在真正想吃零食时去享受，不再纠结于"吃与不吃"的问题，反而会减轻你情绪上的压力。这样一来，你会发现情绪性进食的次数逐渐减少。

情绪性进食并非完全有害，应对方法是要学会寻找平衡。你可以试着在满足自己情绪需求的同时，关注自己的健康需求。当你掌握了如何平衡这两者之间的关系后，你会发现自己在日常饮食上有了更好的控制力。

4. 应对社交聚餐挑战

上面三点做到，你的日常饮食就基本控制好了。

但如果你身边有一群喜欢聚餐的朋友，那么控制日常饮食就有难度了。

比如，在你晚上想少吃点时，他们会喊你聚餐；到了深夜，他们会叫你一起吃夜宵，或者在朋友圈发美食图片让你恨不得马上点外卖。

拒绝外因导致的不健康饮食习惯的最理想方法，当然是尽可能避开朋友的诱惑，多在家吃饭。但人作为社会性动物，除了健康需求，总得要照顾到社交需求。不得不聚餐社交时，你可以采取下面三种方法。

（1）提前适量进食

不要等到十分饥饿时才去参加聚餐，这会让你更容易受到美食的诱惑，而且会导致你吃得更多。

在聚餐前，可以先吃一些健康饱腹的食物，比如吃点水果等。

（2）学会点菜

尽量选择口味良好且烹饪方式较健康的餐厅，如以蒸煮、少油炸为主的餐厅，在火锅店聚餐的话，就点鸳鸯火锅，吃清汤锅底。

若无法选择餐厅，也可以尽量选择吃健康的食物，比如蔬菜、海鲜等低脂肪、低热量的食物。

这样既能与朋友们愉快地聚餐，又能吃得很健康。

（3）掌握饮食的顺序

吃饭时，先吃蔬菜，再吃鱼、虾、肉等蛋白质，最后再吃主食。

这样的食物摄入顺序可以让你先摄取蔬菜中的纤维素，有助于你控制食量；然后摄取富含蛋白质的食物，帮助你保持饱腹感；最后再吃主食，防止过度摄入碳水化合物。

虽然每个人都需要吃饭，但会吃饭却需要学习和实践。

你可以规划自己三餐的饮食结构（采用结构化饮食），养成良好的饮食习惯（实现习惯化进食），在此基础上用健康零食替代不利于健康的零食，以应对情绪性饮食。面对难以避免的社交聚餐，你可以在参加聚餐前适量进食、点健康的食物，以及掌握食物摄入的顺序。

好好吃饭是保持好体力的第二个要求，接下来我们继续来讲保持好体力的第三个要求：爱上运动。

三、爱上运动

脑力劳动久了和体力劳动久了都会累，但两者的累大不相同。

体力劳动的累，源于身体的高强度运动，在体内产生了大量酸性物质导致疲劳。此时，如果再通过运动来休息，那就是雪上加霜了，这时躺下来静养和睡觉，是最佳的休息方式。

脑力劳动的累，更多是大脑皮质处于极度兴奋状态，而身体却处于低兴奋状态的累。这种累，主要是由于长时间做大脑持续活跃、身体却相对静止的工作导致的。

例如，一天内赶场参加了四五个会；一个上午，坐在座位上用电脑和手机不停地回复不同人的消息等。

这种累，主要是因为身体运动不足，供不上大脑所需的糖分和血氧导致的，所以解决办法就不能是静养和睡觉，而是运动，特别是有氧运动。比如，跑步、游泳、越野滑雪，长距离划船，骑单车等运动。

一定强度的有氧运动，会让身体产生一种被称为内啡肽的激素。这种激素能让你的大脑产生愉悦的感觉。这就是在有氧运动成为习惯后会让人上瘾的原因，像习惯了跑步的人，一段时间不跑就会全身不自在。

内啡肽除了能让你产生愉悦的感觉，更重要的是，它还有调节体温和呼吸、扩张心血管等生理功能。这些生理功能，对缓解大脑极度兴奋、身体低兴奋的累，有很大帮助。

因为运动后，你的体温升高，身体的新陈代谢加快，能带走疲劳感；心血管扩张和呼吸量加大，血液里携带的氧气量增加，能给大脑提供更多血氧，支撑你大脑的持续兴奋状态。

现在你知道运动，特别是有氧运动，对缓解脑力劳动的累很有帮助了，但你可能还是畏难不想动。因为在你的印象里，运动总是让人气喘吁吁、汗流浃背。

这其实是对运动的一种误解。**运动并不是越累越好，而是要掌握好合适的运动强度**，如果运动强度设置合理，运动不仅不会让你感到累，反而会轻松到让你"上瘾"，让你爱上运动。

下面分享的两步运动法，无论你工作有多忙、运动基础有多薄弱，都能轻松做到。

第一步：唤醒久坐的躯体。

从事脑力劳动时，你往往久坐不动，但你的身体其实并不适应长期静止的状态，久坐之后，不仅精力会下降，而且对身体健康也会非常不利。

原因是，你的心脏和遍布全身的血管组成了心血管系统，心脏通过持续不间断的跳动，把富含氧气的血液不断输送到你身体的各个部位，并且将各个部位产生的代谢废物和有害物质带到相应的器官以排出体外，从而维持人体的各项机能正常运转。但长期久坐，会对心肺功能造成伤害，导致心肌无法将富含氧气的血液输送给躯体和大脑，于是你的大脑就开始晕晕沉沉、四肢感到麻木沉重。

因此，动起来的第一步就是要唤醒久坐的躯体，多站起来走一走。

可能你会说："我工作很忙，没有站起来走的机会。"

其实只要你有心做这件事，方法还是很多的。

例如：用走楼梯代替乘电梯；把车停在停车场最里面；午餐后绕着写字楼散散步。

即使你很赶时间，只能全天在办公楼里办公，上面三个方法都用不上，也依然有多站起来走一走的方法。

我有个朋友，他每天开车上下班，吃饭也是订外卖，但他利用开会的时间来回踱步，走来走去找其他部门同事沟通工作，每天竟然能走一万步。

所以，**办法总比困难多，哪怕足不出户，也能走上一万步！**只要你做到了多站起来走一走，久坐带来的心肺功能的过度消耗就会缓解，精力就会有很大的提升。

第二步：控制好运动心率。

能多走一走，改变久坐的状态后，你就可以再进一步，适当提高运动强度。所谓的运动强度不是你运动有多快、有多久，而是将心率控制在一个合理的区间。

我们普通的职场人，跟运动员或健身爱好者不同，我们运动的主要目的不是增肌、塑形，而是锻炼心肺功能。锻炼心肺功能，同样不需要气喘吁吁的高强度运动，只要让心率持续处于一个高于日常心率的区间就可以了。

一般人在安静状态下的日常心率是 60~100 次 / 分钟，所以你的运动心率只要高于 100 次 / 分钟即可，一般建议保持在 107~125 次 / 分钟之间[①]。按这个心率来运动，你会觉得很舒适，不会感觉累，因为累主要是由心率升得太快、太高导致的。

为了更好地监控心率，你可以戴上心率带或心率表监控你运动时的心率，我建议戴可以监控心率的运动手表。一个原因是运动手表相较于心率带更方便，没有额外负担，因为你本来可能就有戴手表的习惯；另一个原因是我认真比较过，现在运动手表的算法都优化得不错了，测出来的心率跟心率带几乎一致。

运动时，你尽量将心率保持在 107~125 次 / 分钟之间。以跑步为例，发现心率偏高了，就将跑步速度放慢一些，这样你的心率会慢慢降到舒适的区间，你就又可以舒服地跑下去了。

---

① 该数据来源于 Carey 在 2009 年发表在《体能训练研究杂志》的一篇文章。Carey DG. Quantifying Differences in the "Fat Burning" Zone and the Aerobic Zone: Implications For Training. J Strength Cond Res 2009; 23.

保持心率在 107~125 次 / 分钟之间，一周运动 3~4 次，每次 30 分钟左右就足够了。如果每次能运动 1 小时，卡路里消耗超过 400 千卡，不仅心肺功能更强劲，还能达到很好的减重效果。

上面建议的两步运动法，我自己、我太太、我的朋友，以及我带的私教学员都能轻松做到，所以我相信你也一定能动起来，并且爱上运动。

让自己拥有一个更加健康的身体和更加高效的大脑，需要你做到学会睡觉、好好吃饭、爱上运动这三件事。

- 学会睡觉：按睡眠周期来睡，保质保量地睡足、睡好。
- 好好吃饭：做好结构化和习惯化饮食，应对好情绪化进食和社交聚餐挑战。
- 爱上运动：利用一切机会多站起来走一走，唤醒久坐的身体；再将运动心率控制在 107~125 次 / 分钟之间。

第二节

减少脑力消耗，让大脑更敏锐

一个人的注意力、记忆力、思考分析能力、学习能力都依赖于大脑，大脑的重量虽然只占我们体重的约 2%，但即使坐着不动，它也会消耗人体能量的 20%、全身耗氧量的 25%，以及消耗掉肝脏储存的肝糖原的 75%[①]。

即使你在发呆，你的大脑每分钟也需要 0.1 卡路里的热量，而当你集中精力进行思考的时候，你的大脑每分钟消耗的热量则是 1.5 卡路里。

因为能量消耗超过了人体可供应的水平，所以大脑的运作遵循 "最省力原则"（Principle of Least Effort），凡是可不动脑的，绝不动脑。只要你开始深度思考，大脑就会让你产生各种不舒适感，

[①] 该数据来源于约翰·威利父子出版公司在 1978 年出版的《脑能量代谢》（*Brain Energy Metabolism*）。

逼着你尽快结束，或者压根就别开始。你想一想，凡是需要深度思考的内容，你是不是都有畏难不敢开始的情绪？

所以，我们对大脑的使用要顺着大脑的这个特性，尽可能减少消耗，保持大脑的敏锐，将脑力用在不得不用的地方。

想在生理上保持大脑的敏锐，除了做到减少体力消耗的睡好、吃好、锻炼好，在大脑的运用上，还要掌握好三个核心点：①能不用就不用；②用好惯性思维；③避免过度思考。

一、能不用就不用

大脑的能量消耗这么高，意味着我们每天能用于深度思考的脑力是相当有限的，因此我们要学会善用大脑，将宝贵的脑力用在重要的事情上，不重要的事尽最大可能不耗费脑力。

日本著名的企业策略家大前研一是这方面的典范，他在《思考的技术》一书中分享了他的做法：他会一次性定做 63 件款式相同、颜色不同的衬衫，这样他就不用将宝贵的脑力浪费在选择穿什么衣服上了，随便拿一件穿就行。

大前研一的做法的好处我深有体会。

从 2014 年起，我每年在家附近的洋服店定做 5 件款式相同、颜色不同的衬衫，3 条同样的裤子，每年再买两双款式相同的皮鞋。

从此，我每天早上再没操心过应该怎么穿搭（这样做还有一个额外好处——保持身材。因为一旦胖了后，衣服和裤子就穿不了了）。

你也可以回忆一下，你在哪些不必要的事情上浪费了宝贵的脑力，然后也用类似大前研一和我的做法，将这些事一次性搞定，以后就不用再浪费很多脑力在这些事上面了。

二、用好惯性思维

惯性思维是指人习惯性地遵循以前的思路思考问题，类似物体运动的惯性。

比如，张小明的父母一共有三个儿子，大哥叫张一明，二哥叫张二明，请问老三叫什么？

很多人就会顺着惯性思维说叫张三明，而不是张小明。

提到惯性思维，很多人对它的第一印象并不好，觉得这是代表懒于思考、因循守旧的贬义词，但实则不然。

由于大脑能量消耗大、运作遵循"最省力原则"的特性，当前的人类很难摆脱惯性思维，因为你每一次以反惯性思维进行思考，都需要大脑消耗更多能量，一旦消耗过多，你的身体无法供应大脑所需能量，大脑反而更转不动，更依赖惯性思维。

既然惯性思维不可摆脱，我们就不要总想着反惯性思维，而是要像大禹治水一样顺着河道疏导，依大脑的特性以惯性思维进行思考，但要提高惯性思维的质量。

如何提高惯性思维的质量呢？

方法就是让高质量的框架成为你的思维惯性。

用低质量的框架思考，与用高质量的框架思考，大脑消耗的能量毫无区别，但思考质量却有着天壤之别。

以推广《减法》为例。

同样接到推广《减法》这本书的任务，你用惯性思维想到的可能是去视频广告推广、找公众号推送、在社群里发通知等。

我用我的惯性思维想到的是，这次推广要达成多少本书的销售？要在多长时间内实现？现有的推广渠道在这段时间内能推广多少本书？是不是离目标还有差距？如果有的话用哪些渠道作为补充最合适？

我的惯性思维用的框架"差距 = 目标 – 现状"，就比你的惯性思维用的框架的质量高一些。

第一，我的框架更聚焦于资源。

在了解了目标、现状，明确了差距的情况下，能找到更有效的渠道，并且更高效地配置资源。

比如，如果已有的公众号推送就能实现销量目标，就没必要浪费钱做视频广告推广了。

第二，更易做调整。

我的这个框架一旦往下执行，更容易在执行中发现偏差，从而快速调整。

比如，我的销量目标是一个月 5000 册，现有的公众号和社群能月销售 4000 册，与目标销量还有 1000 册的差距。

假如我同样选择了视频广告推广来弥补这 1000 册的差距，但 3 天后，我发现销量只增加了 10 册，那么我很快就知道这个方式不能实现目标，要赶紧调整了。

而如果不针对差距，眉毛胡子一把抓，一上来就在公众号、社群、视频广告这三个渠道一起推广，那估计到了第 24 天才能发现实现不了 5000 册的月销量目标，这时再去想办法，就已经来不及了。

你看，同样是惯性思维，思考的质量却有很大差距，所以我们要用高质量的框架替换已有的低质量的框架，并形成新惯性思维，如图 3-4 所示。

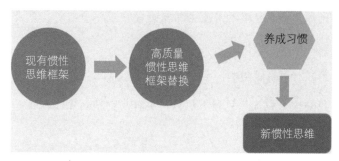

图 3-4　新惯性思维的形成

这样虽然依旧是惯性思维，但思考质量却有了很大的提高。

三、避免过度思考

除了可不用脑的时候尽量不用脑、提高惯性思维的思考质量，你还有一个减少脑力消耗的好方法——避免过度思考。

过度思考有时是一种伪深度思考，看似深度动脑了，但做的都是浪费宝贵脑力的事。

例如，我带过的一位学员，他有一次交了一份报告给领导，领导给他反馈说报告的深度不够，没有从"思想认识"层面剖析发现的问题。

于是，他花了两天来琢磨什么是"思想认识"。

思想认识问题是指对工作思想的认识问题？还是指工作思想有问题？

思想是什么意思？是指一些哲学思想，还是指关于生活作风的思想？

认识又是什么意思？是意识吗，比如客户意识、风险意识、大局意识？

领导为何要用"思想认识"，不用其他词呢？

……

他越想越多，还在网上下载了很多与"思想认识"有关的资料，但他越看越迷茫，无法理解什么才是领导说的"思想认识"层面。

两天时间全花在定义"思想认识"上，报告一点都没改，结果他又被领导批评了。

这位学员做的就是浪费宝贵脑力的过度思考。

过度思考并不代表一个人勇于思考、善于思考，相反，它代表他的思考过于凌乱，缺少必要的价值。

那怎么样才能做到深度思考，而不是过度思考呢？有以下两种方法。

1. 设定思考的截止点

过度思考的两个核心特征是：漫无边际和无休无止。

就像有的学员在思考如何突出自己的优点这件事时，不是聚焦在自己有哪些优点以及突出优点的方法上，而是会想以下问题。

我想的这些优点，会不会别人不认为是优点？

为什么别人有那么多优点，而我没有？

我是不是很没用？

我怎么就这么没用呢？

是不是小时候受了原生家庭的影响？

我父母怎么能这样呢？

……

针对这种过度思考的情况，只要设定一个思考的截止点，就可以很有效地阻断这种漫无边际、无休无止的过度思考。

比如，针对上述问题，我要求你最多思考10分钟。10分钟后，无论想了多少，你都要用思维导图画出你想到的几个优点，并在每个优点后加上你想到的突出它的方法。

有了10分钟这一时间限制，你的思考就不会天马行空地跑到父母那里了。

因为在思考过程中，即使你的思维仍有发散，但10分钟后你就要写出内容发给我，为了完成这个任务，你一定会停止思维发散并将思维拉回来，继续围绕自己的优点是什么，以及如何突出优点来思考。

所以，以后你可以多多尝试这种给自己设定思考的截止点的方法。

2. 以行动为目的思考

过度思考，往往是因为没有以行动为目的思考。

比如，全球局势紧张的时候，你有没有担心过会爆发战争？

我担心过，而且担心过不止一次。出于这种担心，有段时间我都没法专心工作，经常忍不住看各种悲观预测的文章。

这种完全不会带来任何行动的思考，只是杞人忧天。我上面的思考就是典型例子。但当我开始思考自己可以做点什么以改变现状时，我很快就意识到这是无可奈何的事，也就放弃无谓的过度思考了。

在以行动为目的思考时，我们至少可以减少三类过度思考。

（1）减少对无法改变的问题的思考

这类问题既包括"某国的大选结果如何"这类大问题，也包括"交了试卷后成绩如何""汇报完成后绩效如何"这类小问题。

当你把这些问题放到行动的标尺上衡量时，很轻易就能发现这些都不是你能改变的，自己完全无能为力，所以压根没必要浪费脑力来思考。

（2）减少对小概率事件的思考

你有没有担心过一些未曾发生的事情呢？

比如当孩子出远门后，有些父母就会担心孩子会发生车祸或遇到其他危险，因此总是担惊受怕。但只要你真的动手查一查，了解这种事情发生的概率极小后，就不会太过焦虑了。

（3）减少对行动风险的过度思考

假如你在一家位于一线城市的公司工作，薪酬不低，但是离定居买房还是有一定距离。

现在有一家创业公司的 CEO 邀请你加入他们的团队，虽然当前薪酬不高，但如果公司如预期那样发展起来，你未来把期权卖掉赚到的钱足够让你在一线城市买房。

美好未来背后潜藏的是极大的风险，你陷入了思考风险的焦虑。

许多的创业公司维持不到两年，万一自己碰到的公司就是这类公司怎么办？

如果少赚了两年钱，是不是更买不起房了呢？

房价会不会在接下来两年上涨更多呢？

但以行动为目的思考时，你就不会沉溺于对风险的过度思考，而会跳出单一的风险考量，对多种因素进行综合评估，最终确定当下的最优行动选择。

即使你最终决定不行动，其本身也是一种行动选择，你不会再陷入对风险的焦虑与恐惧。

过度思考的人看似想了很多，但这种思考不但不深入，还零散杂乱。更糟糕的是，除浪费了宝贵的脑力，这种漫无边际的思考还会导致一个人丧失行动力、激起其焦虑情绪，因此要能避则避。

能不用脑就不用脑，你节省了宝贵的脑力；用好惯性思维，你能够以更少的脑力消耗换取更高质量的思考；避免过度思考，你将宝贵的脑力保留给了真正的深度思考。做到上面三点，你一定能减少脑力的消耗！

第三节

减少情绪消耗，不被情绪左右

除了体力劳动和脑力劳动这两类我们最熟知的劳动，其实还有一类少为人知却又很重要的劳动——情绪劳动。

你回想一下，自己有没有遇到过这样的情形。

工作日明明什么都没干，却觉得非常疲惫，下班后动都不想动。

这就是情绪劳动造成的。

情绪劳动的本质是一种个人精力的支出，可分为对外情绪劳动和对内情绪劳动两类。

1. 对外情绪劳动

对外情绪劳动是指你对外输出的正面情绪。

比如，对客户保持春风拂面的态度，对领导的无条件服从，对同事表示热情等。

这些情绪的输出，特别是在你并非发自内心想这么做的时候，就会产生情绪劳动。

2. 对内情绪劳动

对内情绪劳动是你对内感受到的负面情绪。

比如，被客户当面指责时感受到的羞辱，在领导面前汇报时感受到的压力，在同事推卸责任时感受到的憋闷等。

这些对内情绪的管理，也会产生情绪劳动。

一个人的情绪资源，与体力和脑力资源一样，也是有限的，如果你长期付出大量的情绪劳动，就会在生理和心理上出现各种症状。

比如，生理上的失眠、头疼、心慌；心理上的紧张不安、烦躁、回避社交、意义感缺失、抑郁等。

所以，我们除了要避免过度的体力劳动、脑力劳动，还要避免过度的情绪劳动，给情绪做好减法。

根据情绪发生的三个阶段划分，有五个小技巧供你参考。

- 情绪发生前：环境选择、生理优化。
- 情绪发生时：认知转换。
- 情绪发生后：避免损失、行动转化。

一、情绪发生前

1. 环境选择

减少情绪消耗性价比最高、见效也最快的方法，就是选择负面情绪诱导少的环境。

具体方法有两种。

（1）选择低情绪消耗的工作

在选择工作时，尽量挑选自己喜欢的，至少是不讨厌的工作环境。这样，你的大部分情绪资源就不会浪费在忍受工作环境上，从而有更多精力分配给其他事情。

例如，如果你性格内向，不喜欢社交，那么就没有必要选择公关、销售等人际互动强度高的工作环境。

（2）减少与高情绪消耗的人的交往

尽量减少与高情绪消耗的人的交往，因为他们容易抱怨和发怒，这些负面情绪很可能会传递给你，影响你的情绪状态。

回想一下：

当你与一个性格温和、说话温柔的人交往时，是不是会不自觉地放慢语速、降低语调呢？

但是，如果你与一个说话冲、语速快的人聊天，是不是很容易被带动，提高自己的嗓门，变得越来越激动呢？

此外，高情绪消耗的人往往只关注自己的情绪发泄，很少关心你的需求。在与你交往时，他们更多地将你当作情绪发泄的"垃圾桶"。他们抱怨、发泄完毕后，感到轻松了，你却需要耗费大量情绪资源来消化他们传递的情绪。

因此，我们要善于保护自己的情绪资源，尽量减少与那些过度消费我们情绪资源的人交往。

2. 生理优化

即使处于完全相同的环境，有些人也容易被激发出负面情绪，有些人则会保持情绪稳定，甚至还情绪高涨。

之所以会产生这种差异，是因为不同人的生理因素不同，特别是催产素、多巴胺、血清素和皮质醇等激素水平不同。

（1）提高催产素的水平

催产素是一种在大脑垂体后叶分泌的肽类激素，它可以有效减轻一个人的焦虑和压力。

你觉得紧张焦虑时，可以提高自己催产素的水平，让自己情绪放松。

具体的方法有：抚摸宠物；深度呼吸和冥想放松；听舒缓的音乐等。

（2）保持适度的多巴胺水平

多巴胺是一种神经递质，主要在大脑的中脑区域合成和释放。它能让你感受到快乐和满足，保持愉快的情绪。

过高或过低的多巴胺水平都可能对情绪产生负面影响。过高的多巴胺水平可能导致焦虑、烦躁或躁动等情绪；而过低的多巴胺水平则可能引发抑郁症、注意缺陷多动障碍等。因此，保持适度的多巴胺水平对于情绪稳定至关重要。

通过进行规律的运动，尤其是有氧运动（如跑步、游泳、骑自行车），可以有效地保持适度的多巴胺水平，提升你的情绪和精神状态。

此外，规律的运动还有助于改善你的睡眠质量。充足的睡眠能进一步调节你的多巴胺水平，帮助你保持长期的情绪稳定。

（3）提高血清素的分泌

血清素是一种重要的神经递质，在大脑中起到调节情绪的作用，有助于维持心理健康和情绪稳定。

血清素水平较高时，人的心情就很平静；血清素水平过低可能导致抑郁、焦虑、愤怒等负面情绪，会让人陷入"心烦意乱""坐立不安""无论如何也静不下来"的状态。

提高血清素分泌的方法有很多，其中最简单易行的方法是晒太阳。

适当的阳光暴露可以刺激体内维生素 D 的合成，从而有助于提高血清素水平。如果有条件，最好每天在户外晒太阳 15~30 分钟。

你可能会说："我工作这么忙，每天早出晚归的，哪有时间晒太阳？"

但办法总比困难多，只要你多花点心思，办法就有了。

比如，在上班途中提前一站下车，走路去公司的同时晒太阳；

中午不点外卖，而是外出就餐，这样既能晒太阳，还能增加运动量；

开电话会议时，可以走到有阳光照进来的房间，在参加会议的同时晒太阳。

（4）减少皮质醇的释放

皮质醇是一种类固醇激素，主要由肾上腺皮质分泌。

当一个人面临压力或应激情况时，皮质醇水平会迅速升高，帮助身体进入"战斗或逃跑"模式。短暂的皮质醇水平升高通常对身体和情绪无害，反而有助于你提高警觉和应对压力的能力。

但如果你长时间处于皮质醇水平高的状态，就会出现各种情绪问题，如焦虑、抑郁、易怒和疲劳。更关键的是，长期的皮质醇水平高状态会导致你大脑的海马体萎缩，影响你的记忆力和学习能力，从而进一步影响你的情绪和心理健康。

因此，要减少负面情绪的产生，就要减少皮质醇的释放。

除了反复建议的规律运动和充足睡眠，还有两个方法有助于减少皮质醇的释放：放松和嚼口香糖。

放松的方法很简单，就是放空大脑，适当休息，或者冥想、做深呼吸等。

嚼口香糖也是一个有效方法，它之所以有效，可能是咀嚼动作有助于减轻大脑的应激反应，从而有助于减轻紧张情绪和减少皮质醇的释放。

做好生理优化，你的情绪会更稳定，负面情绪更不容易被激发出来。

二、情绪发生时：认知转换

环境选择和生理优化，都是避免负面情绪产生的预防手段。但如果没预防住，还是有负面情绪产生了，怎么办呢？

这就要用到认知转换的方法了。认知转换是各种情绪管理小技巧最集中的地方，它的核心作用，可以用埃利斯的情绪 ABC 理论来解释：

激发事件 A（activating event）只是引发情绪和行为后果 C（consequence）的间接原因，而引起情绪和行为后果 C 的直接原因则是个体因对激发事件 A 的认知和评价而产生的信念 B（belief）。

更具体来说，情绪 ABC 理论是指，假如你在工作中因为被上级批评了（激发事件 A），变得很不开心、工作上有些懈怠（情绪和行为后果 C），但上级的批评（激发事件 A）只是你不开心和工作懈怠（情绪和行为后果 C）的间接原因，你认为上级是故意针对你的这一认知和评价（信念 B）才是直接原因。

如果你将上级的批评换个认知和评价——"上级对我有期待，所以才会批评我"——信念 B 一调整，你不但不会不开心和工作懈怠，还会更有干劲。

所以，所有认知转换的情绪管理技巧，都是通过改变信念 B，消除或缓解激发事件 A 可能引发的情绪和行为后果 C。

下面我将给你分享成体系的技巧。

1. 阿德勒的课题分离

课题分离这个理论认为，要想解决人际关系的烦恼，就要区分什么是你的课题，什么是我的课题。我只负责把我的事情做好，而你也只负责把你的事情做好。

比如，你爱上了一个人，一直在犹豫该不该表白，因为你不清楚对方是否也爱你，害怕表白被拒，太过羞耻，太没面子了。

如果你熟用课题分离理论的话，就不会犹豫了。

因为，跟对方表白是你的课题，表白了就代表你的课题结束了；至于接不接受，那是对方的课题，跟你无关。

用大俗话来讲就是"我爱你，与你何干"。

2. 远离"应该如此"

和男 / 女朋友约好周末出去玩，可对方因为临时加班取消了行程，你对这种临时爽约的行为很不爽；约了朋友 18:00 吃饭，可他 20:00 才到，你说不定会火冒三丈地责怪对方太不守时。

这就是"应该如此"的心态给我们带来的负面情绪。

"应该如此"的意思是：事情理应如我所认为的一样发生。

可人生在世，并不能事事如愿。对于已经发生的事情，你只能按实际情况处理，让自己有更好的体验。

比如，男 / 女朋友违背领导要求不加班陪你出去玩，轻则可能影响他 / 她在领导心目中的印象，重则可能有失业的风险，而两个人的约会改期，也一样可以玩得开心。

朋友迟到 2 小时，实际是开车过来时被追尾了，他紧急处理好还能赶来，足以说明他特别重视跟你的这次约会。如果你能先关心对方，知道他的不容易，反而会更珍视这段友谊，同时还能愉快地用餐。

所以，当"应该如此"的心态浮现时，你就要提醒自己下面两点。

第一点，事情的发生自有它发生的理由，我未必能够知道，但我必须接受已经发生的一切。

第二点，抱怨事情不该发生是不让自己成长，如何根据已经发生的事情，给自己制造开心的机会才最重要。

三、情绪发生后

1. 避免损失

通过环境选择和生理优化，你可以减少负面情绪产生的源头；通过认知转换，你可以将负面情绪消弭于发生之际。

但如果有时负面情绪没控制住，实实在在地爆发出来了，又该怎么办呢？

这时，你第一时间要做的就是，避免损失。

对你造成影响的其实并不是情绪，而是情绪引发的反应。情绪上头后，你往往会产生一些不理智的想法，比如，有时为了让别人后悔，宁愿自损一千，也要伤对方八百。

为了避免这种不理智想法的产生，最好的做法就是离开激发负面情绪的场景，避免负面情绪进一步发酵，这样就能做到第一时间避免损失了。

如果实在离不开激发负面情绪的场景，你可以记住下面这个口诀：带着情绪不见人，见人不说话，说话不议论，议论不决策，决策不行动。

2. 行动转化

避免损失，是对负面情绪的消极应对，一个更好的做法是积极应对。

积极应对，不是说让你去抵抗负面情绪，这是非常不可取的，不信你观察下，当你陷在负面情绪中时，心里是否有很多抵抗的念头。

"我不要老是忧心忡忡的样子。"

"我不要像祥林嫂一样，总是去抱怨。"

可你越这么想，越无济于事，反而会越来越烦躁。

因为我们大脑有一个奇怪的特点，就是不能接受含有"不"字的指令。

如果你被告知"不要想那只大黑熊"，猜猜你的大脑会立刻发生什么事情？

是的，尽管你听到的是不要想，可你发现正在想着那只大黑熊。

其实，无论是正面情绪还是负面情绪，都能给你带来动力，负面情绪也只是向你传递某些需求未被满足的信号而已。

如果你能够学会积极应对负面情绪，不但能缩短陷在负面情绪中的时间，还能帮你增强行动力。

你可以按顺序用下面四个问题进行自我对话。

第一问：此刻，我有什么不好的感受呢？

第一问的目的，是将你从具体的事情中抽离出来，只是去识别内心不好的感受。

如果不能准确说出自己的情绪感受，可以尝试这样问自己："不开心的背后，是一些什么情绪？""我还可以用什么其他文字去描述这份情绪？"

当你识别出是什么情绪，比如被领导误解批评后很委屈，那么第一问的回答是这样的："此刻，我感到特别委屈。"

负面情绪一旦被识别，就会很快消失。

第二问：我不想要这个不好的感受，我想要什么呢？

第二问的目的，是帮你识别负面情绪背后未被满足的需求是什么。

这一步要求你在回答完第一问，情绪归于平静时，静静地思考：出现负面情绪时，是什么需求没有被满足？

当脑海中有一个念头时，你就可以简单写下来，这个念头很有可能就是自己没有被满足的需求。

比如第二问可以这样回答："我不想要委屈的感受，我想要领导的理解和认可。"

第三问：围绕我的需求，我该如何做呢？

第三问的目的，是帮你将情绪转化为解决问题的思路。

这时候就可以用上有逻辑的理性思考了。

例如，第三问可以这样回答："围绕着我想要的领导的理解和认可，我该做的就是先接受领导的批评，重新把方案做好再来汇报。"

第四问：我现在要做的是什么呢？

第四问的目的，是帮你第一时间行动起来，真正从负面情绪里走出来。

例如，第四问可以这样回答："我现在要做的，就是先回复收到了哪些信息，回去后会怎么改进。"

通过上面四个问题，一次负面情绪转化为积极行动的应对过程就完成了。

负面情绪是我们生活中不可分割的一部分，一个正常的人是必然会有负面情绪的，我们要做的不是杜绝负面情绪的产生，而是减少负面情绪的消耗，甚至将负面情绪转化为积极行动。

虽然关于情绪管理的理论、方法、技巧很多，但归类下来，无外乎是针对情绪发生前、情绪发生时、情绪发生后如何处理的。上文讲的环境选择、生理优化、认知转换、避免损失、行动转化五个技巧，只要你掌握其中任意一个，我相信你的情绪消耗会大大减少。如果五个技巧都做到了，那恭喜你，你绝对是一个"泰山崩于前而不动声色"的人。

第四节

减少意志力消耗，让自己更自律

当你开始减少体力、脑力和情绪消耗时，你会发现自己有一个额外的收获——意志力的消耗也减少了。

意志力是体力、脑力和情绪的综合体，能帮你完成很多你轻易做不到的事。**它就像一名严格的"监工"，每当你想懈怠时，它就会督促你开展某种你不愿意采取的行动。**

就像你参加半程马拉松比赛，跑了 10 千米后很累，很想停下来不跑了，但意志力会让你继续跑到终点。

但不幸的是，跟体力、脑力和情绪一样，你的意志力也是有限的。体力充沛、大脑清醒、情绪稳定，你的意志力就强；体力、脑力、情绪任一耗竭了的话，你的意志力也会同步耗竭。

所以，你不能无休止地做加法，一味地消耗意志力，而是要学会做减法，减少意志力的消耗。

减少意志力消耗的具体方法有两个：①减少非必要的意志力消耗；②降低意志力的消耗强度。

一、减少非必要的意志力消耗

有人做过如下的心理学实验。

让正在节食的实验对象进入一个房间，房间里面放满了零食，有薯片、巧克力、彩虹糖和咸味花生豆，然后再让他们完成一项任务。

任务完成后，实验对象就可以吃到零食。

对于其中一组实验对象，食物就摆在他们旁边非常显眼的位置；而对于另一组实验对象，食物摆在他们看不见的地方。

位于零食旁边的这组实验对象在任务完成后吃的零食，远远多于看不见零食的那一组。

为什么会这样？

因为位于零食旁边的这组实验对象，需要不断消耗意志力抵抗零食的诱惑。意志力是有限的，这里用得多了，其他地方就会不够用，所以，这些人最后就没那么多意志力再去抵抗零食的诱惑了。

这个实验体现的就是美国心理学家罗伊·鲍迈斯特（Roy

Baumeister）提出的自我损耗理论，这个理论指出：

（1）一个人的意志力（心理能量）是有限的，短期内人只能进行次数有限的自我控制。

（2）所有的执行功能（自我控制、做出抉择、发起行为）需要的是同一种意志力资源，一个领域的意志力资源消耗会减少另一个领域的可用意志力资源。

（3）意志力就像肌肉一样，每一次的意志力对抗都会产生消耗。当意志力消耗殆尽，你就无法开展任何与自己惯性不一致的行动了，只能慢慢等意志力恢复后才能再开始。

可见，我们的意志力不只是有限的，而且还很容易消耗，因为很多不同类型的事情（自我控制、做出抉择、发起行为）都会用到它。

只有减少各种不必要的意志力消耗，你才能有足够的意志力，处理重要的事情。

例如，没必要为了一袋售价 8 元 8 角的锅巴，在几百个商家里"大浪淘沙"，反复比较谁的优惠力度更大。这种比较所浪费的意志力，远远超过你省下的几元钱。

更不要轻易让自己面对游戏、短视频、高热量食品这些诱惑的考验。因为，你每抵制这些诱惑一次，意志力就会消耗一点，抵制次数一多，意志力也就消耗得差不多了，你就很难再抵制其他诱惑了。

你可以试着不在电脑和手机里安装电子游戏、不把手机带进卧室、不在冰箱里放高热量食品。我每次换新手机，第一件事就是卸载手机里的游戏 App 和短视频 App，这样我就不用总是逼迫自己抵制游戏和短视频的诱惑。

只要你尽可能减少不必要的意志力消耗，将所有的意志力阶段性地集中在一件要坚持的事上，你就更有可能将这件事坚持下来，并习惯于长期去做这件事。**一旦这件事成为你的习惯，它就像巨石从山顶向下滚动一样，不再占用你的意志力。这时，你就可以将你的意志力阶段性地用在下一件要坚持的事上。**

采用这种做法，你不仅减少了不必要的意志力消耗，还能养成越来越多的好习惯。

二、降低意志力的消耗强度

根据自我损耗理论，我们的意志力受到各种各样的因素的影响，比如感知难度、努力程度、消极情绪等。

所做的事对你来说难度太大，你耗费的努力太多，甚至你今天心情不好，都会消耗意志力。

因此，在将意志力花在值得坚持的事情上时，你还要用好各种辅助手段，让意志力的消耗强度低一点，从而让自己更好地坚持下来。

我常用的四个行之有效的方法如下所述。

降低感知难度；

利用恐惧和紧迫感；

创造持续激发状态的环境；

用好外部监督。

1. 降低感知难度

一旦任务比较有难度，你就会迟迟不愿开始，即使勉强开始后，依然会因为意志力的消耗巨大，撑不了多久就会放弃。

假如遇到了这种情况，你就要学会降低任务开始时和执行中的感知难度。

（1）降低任务开始时的感知难度

想降低任务开始时的感知难度，最好的方法就是告诉自己：不要做得多，更不需要做得好，先做一点点就行。

比如，一想到要跑步 30 分钟，你可能立马就联想到两腿发软、胸部发闷的痛苦场景，那你去跑步的意愿就很低了。

但如果你告诉自己，只要去跑步机上跑一分钟就可以。跑一分钟能有多难？你一边想，一边轻轻松松地站在跑步机上了。

145 of 290 第三章 减少过度消耗

等你真正在跑步机上跑了一分钟后，你又会想，跑都跑了，要不就再多跑一会儿。

这样做的好处在于，你感知到的难度很低，你只需要一点点意志力就能开始做这件事。

而且，只要你开始做一点点，你就会不知不觉地完成大部分计划。哪怕最后你真的只做了一点点也无所谓，因为这本就是你一开始的计划，总比什么都不做好，完全不会影响你的自我效能感。

（2）降低任务执行中的感知难度

在任务执行过程中，降低感知难度的主要方法就是多轮迭代。

也就是第一遍先做自己能做的，在心里告诉自己：第一遍无论做得怎样都行，因为第二遍、第三遍还会再改。

好比看一部悬疑片，你不用担心自己看不懂，第一遍先"看个热闹"，第二遍再揣摩细节，抽丝剥茧，看看门道。

这种降低任务执行中的感知难度的方法，我在《学习力：颠覆职场学习的高效方法》这本书里，在阅读、记笔记、技能学习等方面都做了很详细的应用说明。

以技能学习为例。

不管多难的技能，先最粗略地学一遍。

这样学起来简单，也不用担心学得不好从而想放弃，因为后面还会学第二遍、第三遍。

之后再学第二遍。

学第二遍时，因为之前已经学过一遍，有了一定的理解基础，学起来就更容易了，遇到难点也不紧张，因为还可以学第三遍。

学第三遍同样如此。

这种多轮迭代的方法，让你每一遍感知到的难度都不高，意志力消耗大大下降，也就能更好地学习和坚持。

2. 利用恐惧和紧迫感

恐惧和紧迫感都可以有效减少意志力消耗。

恐惧对于提高行动力的即时强度是最有作用的。哪怕一个意志消沉、整天懒洋洋地躺着的人，在看到一头饿狼扑过来时也会因为恐惧马上爬起来。

我在做管理咨询顾问时，一旦出现不想写咨询方案的情况，就会设想因为方案没做好，被客户当面挖苦的场景。一想到这个令人恐惧的画面，我的动力立马就恢复了，有时甚至能一口气写完整个方案。

截止日带来的紧迫感同样如此。大脑对一件事无论感到多么厌恶，多么不愿意行动，一旦截止日将近，大脑也会逼着你完成任务。所以我们有句玩笑话 **"截止时间是最大的生产力"**。

很多人常用的番茄钟就很好地利用了紧迫感：利用 25 分钟定时带来的紧迫感，以较少的意志力消耗提高你的行动力。

3. 创造持续激发状态的环境

我喜欢在办公室而不是在家里办公。

为什么呢？

因为居家办公时，哪怕只有我一个人在家，我还是会受到很多干扰，那些稀松平常的事物总是轻易地散发出非凡的魅力。

看到沙发就想躺一会儿；

看到冰箱就想打开找点吃的；

走到阳台就想拿起水壶浇浇花。

但如果在公司办公，情况就完全不同了。

当我想懈怠偷懒时，放眼望去，都是正在工作的同事和各种办公设备，很容易就能再次激发出我的工作状态。

这就是环境的潜在影响作用，**它通过营造氛围，让你在不需要消耗大量意志力的情况下，也能很好地投入工作。**

4. 用好外部监督

单纯依靠自己的意志力来让自己开始和坚持做一件事也是可

以的，但这不是最佳做法，因为这对意志力的消耗过大，投入产出比不高。

因此，你可以用好外部监督，减少自身的意志力消耗。

一些人小时候无论有多么渴望看动画片，但可能只要一看到妈妈放在电视柜上的鸡毛掸子，内心就会一抖，然后乖乖关掉电视。

这里的鸡毛掸子就是有力的外部监督，有了它，人不需要过多地消耗意志力也能做出明智的选择。

以我在 YouCore 内部发起的每月完成 12 次运动的契约金打卡活动为例，这一打卡活动除了督促大家多多运动，也会督促我自己，因为我作为发起人和领导，肯定不能带头完不成活动。

这个契约金打卡活动到现在已经持续 40 个月，我一次都没违约过。

但如果没有这个契约金打卡活动，只是靠我自己的意志力每月完成 12 次运动，别说 40 个月，坚持 4 个月都很难。

这就是用好外部监督带来的好处：更少的意志力消耗，坚持得更好。

一个缺乏意志力的人，是很难坚持做一件事的，所以**意志力对一个人来说，就像空气和水一样，不可或缺。但过度苛求自己更有意志力的做法，往往会使意志力消耗得更快，变得更不**

自律。

在意志力有限的情况下，做好减法，减少非必要的意志力消耗，降低意志力消耗的强度，反而能让你更有意志力，更自律。

本章小结与讨论

不少人在取得一定成就后，都会分享他们的成功经历，撰写回忆录或做演讲。这些经历通常都会特别强调他们如何废寝忘食、如何艰苦奋斗、如何严格自律。

这样的成功故事听多了，往往会让我们误以为成功意味着要睡得少、要工作时间长、要没有负面情绪、要极其自律。

实际上，这些成功故事往往是刻意包装过的，目的就是打动你我这样的听众。毕竟，相较于一个人轻松取得成功的经历，拼命奋斗、历经挫折后才取得成功的故事，更能让我们产生共鸣。

但是，这些故事仅仅是故事而已，不要把它们当成指导性的成功经验。它们中即使有一小部分是真的，那也只适合它们自己的主人公，而不适合你。

更适合你的方法，是保质保量的睡眠，将有限的脑力用在关键事项上，允许自己有各种情绪，同时尽可能减少意志力消耗。这样做，你的精力更充沛、大脑更敏锐、情绪更稳定、意志力更强大，工作和学习的效率也会更高。

第四章

减少完美主义

JIANFA

有个学员向我诉苦："老师，这周五我要交三份 PPT，可今天都周四了，我连一个标点都没写，怎么办呢？"

我有点好奇地问："哪个领导让你一天写三份 PPT？"

这下她有点不好意思了："也不能怪领导，他上上周就布置了，是我自己拖到今天都没开始写。"

我问她："过去的这两周做什么了，怎么会将所有任务都拖到最后一天，还没开始做？"

她说："老师，你知道吗，这三份 PPT 都很重要。第一份是售前方案，公司能不能签下这个订单，就看它了；第二份是内部经验分享，要当着全部门所有同事的面讲，我很想通过这次分享向大家展示自己的优秀；第三份是领导委托我代写的培训课件，领导要拿来讲课用。"

正因为这三份 PPT 各有各的用途，所以她特别想交出完美答卷，但在实际操作中她却发现难点重重。

第一份售前方案 PPT，虽然她在网上搜集了不少与客户相关的资料，但总觉得有遗漏，不够全面，想继续搜索，却苦于时间不够。

第二份内部经验分享 PPT，她想找一个既专业又活泼，既有共性又能展示自己个性的分享模板，但反复比较了十几款模板，发现要么太花哨，要么太严肃，到现在也没能找到心仪的模板。

第三份培训课件 PPT，对于领导交代的部分内容，她不确定是什么意思，想找领导确认，又怕领导质疑自己的能力，瞻前顾后，时间都被蹉跎了。

这两周，她的时间就耗在搜索资料、比较模板以及纠结找不找领导上，每天都很焦虑，但就是无法动手做 PPT。

她的这种情况就是典型的完美主义在作祟，太想拥有 100 分的完美状态，结果连 60 分都没有，甚至直接就是 0 分。

如何破除这种完美主义呢？

从我自己的亲身经历，以及大量学员的有效反馈来看，在标准、开头、过程和结果四个环节做好减法，就能有效破除完美主义。具体做法如下。

- 减少对标准的过度拔高，做到刚刚好；
- 破除对开头的完美预期，敢于从"烂"开始；
- 降低对过程的自律要求，接受自己的拖延；
- 避免对结果的自我苛求，多多自我谅解。

第一节

减少对标准的过度拔高，做到刚刚好

完美主义者不管做什么，都本能地想做到最好，所以对任何任务的标准都定得很高。

比如，用思维导图梳理一个只给自己看的书本目录框架，完美主义者不仅会考虑每个节点的颜色、字体、线条的粗细，还会加上美轮美奂的图标。

一般人用 10 分钟就能做好的思维导图，完美主义者能花上一个多小时。

梳理思维导图的本意，是建立对这本书的整体印象，从而提高阅读效率。

但反复调整颜色、格式、图标等细节，白白浪费了一个多小时不说，还将看书的热情都消磨光了。

可以说，这个精美无比的思维导图，不仅对阅读毫无帮助，

157 | 第四章 减少完美主义

还大大降低了阅读效率，不做它直接看书的效果比有它会更好些。

可见，有些事情并不是做得越完美就越好的，做不同的事情有着不同程度的要求。

有些事情，做得刚刚好就可以了。

那么，哪些事情应该做到刚刚好？做到什么程度才叫刚刚好呢？

我给你总结了以下四点。

一、不重要的事，做到及格就是刚刚好

2008 年，有位学员刚从一所 985 高校毕业，到一家互联网公司面试。

他的面试成绩非常优秀，然而公司的一位资深工程师却极力反对他加入，原因是他在学校的各科成绩大多刚过 60 分。

这位工程师打电话问他，为什么很多课程的考试成绩只有 60 多分？

他的回答是，他觉得考试的内容和实际的编程工作无关，所以他在考试前复习的时候，只按照能考 60 分的程度来复习，不影响他顺利毕业就可以了，绝不会花更多的时间在考试上。

这位工程师听了这一回答，当即决定录用他。

这位学员各科的考试成绩刚过 60 分，不是因为他只能得 60 分，而是因为他想把时间用在其他地方，在实际的编程工作中做到 90 分。

毕业后进入社会，我们会面临与这位学员相似的困境。

你手头正在跟进一个能决定自己当月业绩的大项目，公司领导突然要你完成一份 PPT，同事又在催你给他提供某个活动的物料，你会怎么处理呢？

这就需要你具备一定勇气，敢于把不重要的事情只做到 60 分。

因为你不得不接受一个现实：**一个人的精力和资源是有限的，无法事事都做到 90 分。**

只有在不重要的事情上减少投入，你才能腾出更多时间、精力和资源给重要的事。

二、重要的事，做到"不镀金"就是刚刚好

在 YouCore 每年的年终总结上，我都会特别强调：年终总结的 PPT 千万不要做得很精美，不做 PPT 都行。

为什么要这么强调呢？

因为年终总结最重要的是汇报今年任务的完成情况、工作数据和成果及明年的工作计划等实际内容，而不是展示 PPT 页面的

美观程度等。

这就是"不镀金"的意思，即**要"里子"，不要"面子"。**

但我们很多时候，都喜欢做一些核心要求之外的无用功。比如，花了很多时间调整 PPT 页面的配色和动画；或者记录一个会议纪要时，在排版和字体上花了很多时间，会议纪要却迟迟发不出来。

我们之所以有这些不理智的"镀金"行为，主要是因为：①很重视某件事，想做到尽善尽美；②"镀金"比完成核心要求更容易，因此不自觉地就更愿意做。

因此，要避免"镀金"，就要学会划定范围，以及做到截止日大于质量。

1. 学会划定范围

划定了范围，你就知道哪些才是核心要求，务必要做好；哪些是次要要求，甚至是可选要求，可做可不做。

就像做一顿一家三口吃的家常便饭，你知道应该尽量做到营养均衡，至于是不是用精美的盘子来盛菜，这是可选要求，可做可不做。

2. 截止日大于质量

在截止日与质量之间，完美主义者的选择天平总是会倾向质量。

因此，**要破除完美主义，就要将选择天平倾向截止日。**

你要将截止日的优先级放得最高，到了截止日，不管成果是什么样，都先将它交出去，做到"先完成再完美"。这样就可以在很大程度上，避免你不自觉地去做各种"镀金"的事。

比如，到了任务的截止日后，你对写完的 PPT 不满意，觉得页面的配色和字体太粗糙了，不精美。这时，就要克制住自己再拖几个小时做页面美化的想法，当务之急是先将 PPT 交出去。

三、有些事，必须做得刚刚好才符合标准

《论语·先进》中，有以下一段对话。

子贡问：师与商也孰贤？

子曰：师也过，商也不及。

曰：然则师愈与？

子曰：过犹不及。

意思如下。

子贡有一次问孔子：子张（师）和子夏（商）两个人，哪一

个更好一点？

孔子回答：子张太过，子夏不及。

子贡：那这么说，是子张更好了？毕竟子张都超过标准了。

孔子回答：过和不及一样，都是有问题的。

很多事，都有一条基准线，做到这个程度就够了。过了这条基准线，做再多都不会取得额外的效果。

就像你吃3个包子就能吃饱，但我给你吃5个包子、8个包子，并不会比给你吃3个包子更好。而且这样做往往结果更差，一是浪费了包子，二是如果你吃多了还容易出其他问题。

那么什么样的"度"才算"适度"，才算刚刚好？问题的难点就在这里。这需要你敢闯敢试，及时调节。

你应该多尝试，在试错中摸索经验，根据反馈确定是"过了"还是"不及"，再及时调节。

以下面的场景为例，摸索多了你就知道"度"在哪儿了。

加班的"度"：加班太多，虽然短期完成的任务更多了，但长此以往，大脑会晕晕沉沉，从长期角度来看，完成的任务（特别是高价值的任务）反而更少，而且身体还受损了。

学习的"度"：针对某一主题的学习，学到当前阶段够用的程度就可以，如果再无休止地多学，不仅起不到学习深化的作用，反而挤压了其他重要主题的学习时间。

交往的"度"：初见一个陌生人时，假如你表现得太冰冷，别人会觉得你难以接近；但要是你过分热情，又会让人担心你无事献殷勤，会不会有所图。

四、有些人，更适合做到刚刚好

名人的成功很让人羡慕，特别是拼搏奋斗后才成功的名人故事，更是很多人喜欢听的。

看到这样的故事，你可能会大受鼓舞，心中燃起一团熊熊烈火。因为你看到了努力就会成功，而且还是很大的成功。

这样的成功故事确实好，也的确激励了不少人。但如果让你选择，你更愿意像他们一样，几乎放弃工作外的一切，还是选择不那么成功，但工作和生活都更惬意呢？

如果是成就动机高的人，那么选择前者更合适，因为成就动机高的人愿意为了自己认定的成功不惜放弃一切，甚至极端行事也在所不惜；但如果是成就动机没那么高的人，那么选择后者更合适。

凡事做到 80 分，你会发现事事你都能应付自得游刃有余。而且这种 80 分的人生，还会给你带来以下两点好处。

好处一：更容易满足

人最大的痛苦之一是欲望和能力不匹配。

当你放平心态的时候，欲望就会比较低，所以更容易满足，不太会有"求而不得"的焦虑和无奈。

比如，有人为了更快地晋升，节假日也不休息，甚至大年初一都在加班，时时为工作与家庭不可兼顾而焦虑；但如果你正常作息，做好手头的事就下班陪家人，那么工作与家庭就可以实现更好的平衡。

有人对孩子的教育特别焦虑，觉得孩子都 4 岁了，英语词汇量还没达到 1000 个，为此很着急；但如果你认为孩子只要能健康成长就是最好的，对孩子的英语启蒙就不会那么着急，因为按部就班的学习已经足够了。

这样刚刚好的生活虽然不会让人获得令人瞩目的大成就，但却更均衡、更快乐、更美好。

好处二：更可持续

持有刚刚好的人生态度的人，做事其实更具有可持续性，因为他们对失败的容忍度比较高。

而那些一开始就对自己有着极高要求的人（比如一跑步就要先跑 10 千米；一看书就要一天看完一本的人），往往坚持两三天就放弃了，因为现实与理想之间的差距太大了，大到看不到任何希望后，人反而彻底放弃努力了。

做到刚刚好不是教你去敷衍，相反，它是帮你把事情做好的必要方法。

因为它能帮你明确重点、确定事情最适合做到的程度，将宝贵的时间、精力和资源用在最值得用的地方，从而更能坚持做某事。

做到刚刚好，是你基于自身需求和能力局限做出的取舍。 因为，与其焦虑地追逐那些可望而不可即的巨大成功，从容地将凡事都做得刚刚好，你更有可能拥有幸福的人生。

破除对开头的完美预期，敢于从 "烂" 开始

接受了刚刚好的观念后，就可以开始做了。

这时新的问题又来了：迟迟不敢开始做怎么办？

就像有一位刚转型做售前顾问的学员告诉我，即使是很重要的事，他也会迟迟拖着不开始。

他说，公司领导在周一交代了一个很重要的项目给他，让他在本周六前务必写一个售前方案发给客户。

虽然他知道时间紧、任务重，而且这件事也很重要，但已经周四了，他还是一个字都没写。

我就问他："你为什么不写呢？"

他回答说："这件事实在太难做了，很怕写不好，影响了项目签署，因此一想起来就焦虑，没心情做任何工作，这些天的上班

时间主要就是在看新闻、缓解焦虑情绪。"

很多人可能和这位学员一样，做事总希望有个完美的开头。越重要的事，越想博个满堂彩。

好的开头对做好某事确实有帮助，但比起好的开头，人的畏难心理对事情成败的影响反而更大。对一件事的开头预期得过于完美，反而会让你产生严重的畏难心理，迟迟不敢开始。

那么如何才能把畏难心理降至最低，立即开始呢？

这就是破除完美主义的第二个方法：**烂开始**。

一、什么是烂开始

烂开始背后的原理，是斯坦福大学的心理学家福格教授提出的一个理解人类行为的模型——福格行为模型（Foggs Behavior Model，FBM），如图 4-1 所示。

这个模型指出个体要实施某个行为时，必须具备三个要素：

- 足够的动机（Motivation）
- 实施这个行为的能力（Ability）
- 实施这个行为的触发器（Trigger）

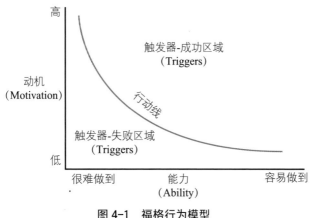

图 4-1　福格行为模型

　　如果对于一件事，你有足够的动机去做，又有实施这个行为的能力，同时还有各种触发器推动你，那么你就会很乐意去做这件事。

　　你之所以一拖再拖，迟迟不敢开始做某些重要的事，主要原因就是你认为自己的能力不足以做好这件事。

　　比如，公司领导布置了一项任务，让你帮他写一份项目汇报，并语重心长地向你强调："这个汇报很重要，好好写，三天后给我。"

　　一想到这个汇报要花三天并且要查很多资料，还要高质量地完成，你心里可能就会有一点发怵，然后看着时间一点点流逝，手机玩了好几个小时，就是拿不出动笔的勇气。

　　但如果你觉得自己有足够的能力处理手头的任务，你很快就会动手去做了。

如果公司领导布置任务时，换个说法："关于这个项目的情况，你将自己知道的先写出来发我，格式不限，内容不限，随便写！"

你一听，就会立马拍拍胸脯说："没问题，我这就来整理。"

一旦你将最烂的一稿写出来（其实只要动手写，得到的结果往往都会比你以为的"烂"好上很多），公司领导可能会再对你说："不错，在这稿的基础上修改润色一下，做成 PPT。"

这么一来一往，同样是三天时间，你不知不觉就完成了一个质量过关的项目汇报，还省去了痛苦的心理建设过程。

因此，当产生畏难心理时，最好的方法就是告诉自己："**管他呢，先做了再说**"，抱着烂开始的心态，你很容易就开始了。

二、烂开始起的头，如何更好地走下去

通过烂开始，步子迈出去了，但接下来的路该怎么走呢？万一开始后，再遇到困难该怎么办呢？

你还需要烂开始的绝佳搭档短平快来做配合。

所谓短平快，就是将任务分解成一个个周期更短、阻力更小、见效更快的小任务。

1. 短：任务周期短

分解出来的小任务，其完成的周期要小于你保持耐心的时间。

如果你保持耐心的时间是两天，那分解出来的小任务，最长完成周期就不能超过两天；如果你保持耐心的时间是两小时，那分解出来的小任务，最长完成周期就不能超过两小时。

假如你用得惯番茄钟，那就更好了，标准的番茄钟的一个周期只有 25 分钟，再怎么没耐心的人，大概率也能接受这个周期。

2. 平：完成阻力小

分解出来的小任务，除了要符合任务周期短这一要求，还要符合完成阻力小的要求，也就是最多要你跳一跳就能完成，甚至不用跳就能完成。

如果某个小任务让你产生了阻力过大的感觉，你就可以再进一步分解这个小任务，直至觉得阻力足够小为止。

将任务分解为难度更低的多个小任务后，你就更愿意开始做了，因为你的能力完全胜任开头任务的要求，甚至还能超额完成。

比如，写项目总结报告时，我不要你写完了全稿才发给我，只要先用思维导图梳理好你的大致思路就可以发给我，相较于写一个完整的项目总结报告，这个开头的小任务，你是不是更有动力去做？

3. 快：见效快

分解出来的小任务，除了要满足短和平的要求，还要见效快。最好是一完成，就有即时的表扬或奖励这样的正向反馈。

如果在完成前几个小任务后，你不断得到正向反馈，是不是就更有自信和动力继续往下做？哪怕后面的几个任务遇到了挫折和挑战，你也不会随便放弃，而是更愿意去挑战。

这就是著名心理学家阿尔伯特·班杜拉提出的自我效能感的作用，**自我效能感高会让你很有自信，觉得有能力完成某项任务。**

所以，你只要反复体验过几次成功，就会觉得自己擅长这类事情，以后即使遇到了问题，你也不会认为是自己能力不足，而是会充满自信地寻求解决方案。

许多游戏就是利用了短平快的原理让你沉迷的。

短：每一关所耗费的时长都在你的耐心范围内，特别是前几关任务，很快就能完成。

平：每一关的难度都在你的能力范围内，你跳一跳就够得到。

你每取得一个微不足道的进步，系统要么会给你放音乐、放烟花，要么满屏都是夸奖你的话，比如"你真棒"，要么就是双管齐下，一边放烟花，一边夸奖你。

你也可以参照游戏利用的短平快原理，让自己沉浸在任务里。

三、烂开始的开头，如何得到高质量的结果

有了烂开始和短平快，你既愿意第一时间就动手做，又愿意持续做下去，开头和过程做减法的问题都解决了，那么如何保证虽然开头烂，但结果不烂呢?

方法也很简单，就是多迭代。

以写一个汇报 PPT 为例，你可以分为四稿来迭代。

先按自己已知的内容，写一稿粗略的 PPT;

补充资料，修改出第二稿;

调整逻辑，输出第三稿;

美化 PPT，输出第四稿。

开始的第一稿虽然烂，但随着短平快地输出第二稿、第三稿，到第四稿完成，你会发现最后输出的就是一个高质量的 PPT。

因此，你只要抓好下面两个迭代的关键，再烂的开始，最终都会迭代出一个高质量的结果。

1.明确每一轮的迭代目标

迭代与重复最大的区别是，迭代后会产生比迭代前更好的内容。

因此，你在开始下一轮迭代前，需要先明确本轮迭代主要有

哪些不足。

我们还以做项目总结汇报为例。

你按烂开始的方式，将自己知道的项目情况一口气先写出来了，那你在做第二稿迭代前，就要先明确第一稿有哪些不足，比如，是资料不全？还是逻辑不通？

若是资料不全，那下一轮的主要迭代目标就是补充资料；若是逻辑不通，那下一轮的主要迭代目标就是调整项目总结汇报稿的逻辑。

2. 每一轮的调整要聚焦

用多迭代的方法分解任务时，最后一轮迭代前的所有输出其实都不完美，有很多需要修改的地方。特别是前两轮迭代的输出几乎可以称得上千疮百孔，不忍直视。

所以，在每轮迭代时，只要聚焦于本轮迭代的主要目标，其他部分哪怕再差都暂时搁置，留待后几轮再迭代，千万别想着一下子就能得到完美的结果。

比如，第二稿迭代的目标是调整逻辑，那迭代时就只盯着这个重点，哪怕迭代时看到错别字了，都可以坐视不理。

这样你才能更短平快地完成一轮又一轮的迭代，否则无论是完成周期还是完成难度，都可能超出你的预期，让你丧失完成这轮迭代的耐心和自我效能感。

抱着完美开始的心态，你很容易产生畏难心理，迟迟不敢开始。

但如果你抱着烂开始的心态，你会发现再难的任务，它的第一步开始都很简单。再佐以短平快和多迭代，再烂的开始，你都能轻松做下去，最终迭代出高质量的结果。

没有开始，完美就永远是镜中月，水中花；但只要开始了，哪怕再烂，最后都可能得到完美的结果。所以，敢于让一切从"烂"开始吧！

降低对过程的自律要求，接受自己的拖延

知道有些事做得刚刚好更好，又知道了即使烂开始也会有好结果，大部分人已经能破除自己的完美主义了。

但如果你是重度完美主义者，可能还会追求做事过程中的绝对自律，要求自己做到每一步都跟计划严丝合缝，不能接受自己的拖延。

其实这大可不必，因为即使过程有拖延，最终的结果依然可以刚刚好。

胡适就分享过类似的拖延日记。

既然连公认的名人都会拖延，那就说明这种现象有存在的必然性，是不可避免的。

因为，**拖延与生物进化密不可分。**

　　在茹毛饮血的远古时代，谁都不知道明天会发生什么，所以只能追求眼前利益，"今朝有酒今朝醉"。如今，虽然人们的生存有了基本保障，但刻在基因里的东西轻易不会变。在你想未雨绸缪、提前规划时，你的基因就会跳出来反对：急什么，先活在当下，明天的事明天再说。

　　这种刻在基因里的拖延，不是你定个目标再督促自己几句就能克服的，因此享受拖延的积极作用并采用更科学的方式来适应拖延才是可行之道。

享受拖延的积极作用

　　哥伦比亚大学教授安吉拉在他的论文《对拖延的再思考：态度和行为中"积极拖延"的正面效果》中，挖掘了很多拖延的积极作用。其中有两点很有参考意义。

1. 拖延可以帮你逃避压力和焦虑

　　拖延是一种个体本能产生的防御机制，它能帮你逃避过度的压力和焦虑。

　　如果这个防御机制出了问题，可能会让你出现其他更严重的问题。比如记忆力损害，因为长期的慢性紧张会杀死海马体细胞；诱发强迫症等。

2. 拖延可以激发你的创新思考

接纳拖延，会让你的大脑从紧张的关注截止日的聚焦模式里走出来，进入更放松的发散模式，大脑在处于发散模式时，能激发出各种创新的点子。

你看，拖延有这么多积极的作用，因此不要总想着过程要很完美，一点都不能拖延。

接受了拖延的积极作用后，你就可以用下面三种方法来减少拖延了。

方法一："以疏代堵"，避免适得其反

执行过程一点都不拖延的背后，是绝对的自律，其本质就是对自己各种欲望的封堵。

这种看似理想的要求，不仅做不到，而且你对各种欲望封堵得越厉害，受到的反作用力越大。

就像大禹的父亲鲧采用封堵的方法治水失败一样。

鲧治水时，采用的是修筑堤坝的方法，哪里发水就去哪里修筑堤坝，并随着水势的升高，逐年加高加厚堤坝。

但水患无处不在，鲧只能疲于修筑堤坝，而且已有的堤坝还会被水冲破，造成更大的破坏。

而禹治水的方法与他的父亲鲧不同。他更侧重疏导，疏通各

地的水道，使水能够顺利地东流入海，成功治理了水患。

对于欲望，我们也要采用顺势而为的方法，不盲目追求绝对的自律，而是适度疏导自己，允许自己有懈怠的时候，有计划拖延完不成的时候。

比如，觉得有点累了，那就去打个盹儿再来学习，而不是强打精神、晕晕沉沉地继续；心里很想看新上映的电影，那就挤出时间看完再继续学习。

这种侧重疏导而非封堵的做法，在快速满足你的欲望后，反而会帮你减少拖延。否则，你最可能的表现是：**拼命压抑自己工作一天后，晚上报复性熬夜，甚至报复性放纵好几天，浪费的时间更多。**

方法二："积极调整"，允许自己重整旗鼓

"以疏代堵"会让你避免过度追求绝对的自律却适得其反，疏导之后，就要积极做好失控后的调整了。

你可以回想一下，下面这个场景是否似曾相识。

今天你突然斗志昂扬，决定从明天起做一个超级自律的人，因此制订了一份雄心勃勃的计划，把从 6:00 到 23:00 应该做什么都安排好了。

结果第二天，你 6:00 没能起床。看到第一项任务就没能完成，

完美的计划被破坏，你的雄心壮志立马就消失了，想着今天就算了，明天再开始。

结果第三天临时发生了一件事，计划又未能执行，你非常沮丧，然后就彻底放弃这个计划了……

隔了一个月后你突然又有斗志了，将以上过程又重复了一遍……

上面这个场景就是完美主义者执行计划的"标准"过程：**计划失败→沮丧→放弃→过一阵子再制订新计划→计划继续失败。**

计划失败并不可怕（因为在绝大多数情况下，我们的计划都不能按时完成），但计划失败后的沮丧和放弃才可怕。

因此，如果在计划失败后，不是放弃，而是积极分析计划为什么会失败以及怎样去调整，你执行计划的过程就会变成：**计划失败→指责自己→分析计划失败的原因→有针对性地进行调整→继续执行调整后的计划。**

用这个允许自己重整旗鼓的过程重新来面对早起失败的场景，你的画风就迥然不同了。

6:00 未能起床，你指责自己发泄了情绪后，就可以快速分析一下，为何第一项任务就未能执行？

原因有以下两个。

第一，自己一向都是 7:30 才起床，突然提前到 6:00 改变过大，一下子调整不过来。

第二，执行计划对自控力要求太高，制订的计划苛刻又缺少弹性，导致不得不将一些事情安排到 6:00 就开始。

分析出原因后，就可以有针对性地进行调整了。

①从当天的计划里删掉至少 1/3 的内容。

②原先安排在 6:00 起床后要做的事，如果要继续做，就推迟到当天空出来的时间段里完成。

相较于原先不是 100 分就是 0 分的做法，这种调整方式能让你更坦然地接受已发生的拖延，从而能够在开头不顺利或中途遭遇挫折的时候，以不完美的状态继续做下去，最终依然能实现自己的目标。

方法三：克服能力实体观，拒绝故意的拖延

在完美主义者的意识里，我做的事直接反映了我的能力，我的能力决定了我的价值。这种沉重的思想包袱，让他们容不得瑕疵的存在，要么不做，要做就要做到最好。

这就是适应不良型完美主义者普遍持有的一种能力实体观。

能力实体观来自心理学教授卡罗尔·德韦克（Carol Dweck）提出的内隐能力理论。这个理论认为，人们对能力和胜任力有两种不同的内隐观念，即能力实体观和能力增长观（见图 4-2）。

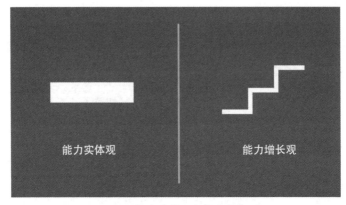

图 4-2　能力实体观与能力增长观

（1）持能力增长观的人认为，能力是可以通过努力提高的

他们会将工作和学习看作提高自身能力的机会，他们追求的是发展自身的能力，高成就和积极评价反而是这个追求的副产品。

他们不在意某次或某几次的失败，更不会由此认定自己能力差，他们只会认为这是由于自己目前的方法不好或努力不够导致的，并会积极改进。

（2）持能力实体观的人认为，能力是固定的，不可改变的

他们会将工作和学习看成对自身能力的一种检验，他们关心的是如何证明自己的能力，获得高成就，避免因失败导致的消极评价。

持能力实体观的完美主义者相信能力是固定的，因此宁可承受拖延带来的痛苦后果，也不愿意承受努力之后却失败了的耻辱。相较于"无能"（这就是他们深感恐惧的失败），他们更愿意被贴上"懒""不用心"等标签。

比如，一旦某次数学考试没考好，持能力实体观的人就容易认为自己的数学能力甚至学习能力不行，并产生焦虑、羞愧、沮丧的消极情绪，严重的甚至会故意放松数学的学习，以此来证明自己不是能力不行，只是自己没学而已。

通过故意拖延或懈怠，他们可以维护自己的信念：我的潜在能力是不可限量的，这件事如果我早一点开始或我更投入一点，我绝对可以做得很好。

对于这类拖延，不仅不能给自己任何借口，还要杜绝，用能力增长观的认知来代替能力实体观的认知。要从心理上接受自己低质量的表现，将低质量的表现与个人能力脱钩，认识到某几次低质量的表现，并不等同于自己能力不行。

追求执行过程的完美，不允许自己有拖延，这个出发点是美好的，但结局往往不美好，最终不是拖延更严重，就是彻底放弃。

意志力有限决定了当前的人类很难做到绝对自律，各种欲望越被压抑，反而越会爆发，或者以各种心理疾病，甚至心理扭曲的方式呈现。

　　将认知从能力实体观转变为能力增长观，认识到拖延的积极作用，接纳拖延并积极调整，你会发现，虽然过程不完美，但取得的结果却超乎你想象的美好。

避免对结果的自我苛求，多多自我谅解

完美主义者除了做事前就会制定很高的标准、对做事的开头有着完美预期、对做事的过程追求绝对自律，对做事的结果还有着苛刻的自我要求。

一件事哪怕别人觉得已经做得不错了，完美主义者还会吹毛求疵，反思自己哪里还不够好，如果做得有问题了，那就更得将自己批评得一无是处。

从小，我接受的教育就是这样：要自我严格要求，多做自我批评。

我对此深信不疑，尤其在求学期间，更是身体力行。但自从工作后，我的这个信念就逐渐开始动摇了。等到我创办 YouCore，接触各种类型的学员后，这个信念就彻底崩塌了。

为什么呢？

因为太过严厉的自我批评对我们普通人，尤其是完美主义者来说，会有下面三个严重的副作用。

一、自我效能感降低

自我严格要求、多做自我批评的本质，就是要求出现问题后多找自身原因，甚至只找自身原因。

多找自身原因，确实有必要，因为它能帮你发现不足。但不能矫枉过正，如果自我批评过于严厉，就会导致你的自信水平下降，甚至会导致自我否定，也就是自我效能感降低。

一旦自我效能感降低，你就会习惯性地认为自己不行。

比如，第一次见客户后结果不好，回来痛定思痛总结了 18 条原因，全是对自己的问责：自己懒、自己笨、自己口拙、自己不会揣摩人心等。在 18 条原因里，压根没提公司没有对自己做拜访前的培训，也没有为自己提供相应的指导与方法。

于是，一想到下周又要去拜访客户，你难免就要在心里打退堂鼓：算了，我不是做售前的料，要不转行算了。

二、自我妨碍策略的诱发

根据社会心理学的研究，人都是有自尊倾向的，尤其是完美主义者，自尊倾向更严重。

当过于严厉的自我批评碰上自尊倾向时，矛盾就来了：过于严厉的自我批评要求你将原因都归在自己身上，但自尊倾向又不允许你贬低自我。

这种矛盾会诱发你采取一种自我欺骗的心理策略，即自我妨碍策略。

什么意思呢？

就是你还是会将失败归因于自己，但你会找一个让自己的自尊能接受的理由，然后再有意地将这个理由刻意放大为主要原因。

比如，考试前努力复习但是没及格，下次考试前就会故意不复习。

这样，虽然两次考试都没及格，但相较于第一次考试，第二次考试没及格你心里会好受点：不复习，考试没及格，这只是态度问题；复习了，考试没及格，这就是能力有问题了。

你看，用这种自我妨碍策略，你攻击自我的重点就不是自尊程度很低的"能力差"，而是让你自尊程度高了不少的"不努力"。

放任这种策略发展下去，**你会因为害怕失败，而去主动制造**

失败。通过自我心理欺骗，即"我不是不行，我只是没发力"，来回避你对自身能力的攻击。

三、"破罐子破摔"的恶性循环

过于严厉的自我批评会带来强烈的懊恼感和自责感，从而让人将接下来的精力和时间，都用于对过去的懊恼和自责。一旦人处于自责状态时，意志力往往更薄弱。

比如，减重时多吃了一顿烧烤，你就会不断懊恼："糟了，这周运动的汗又白流了，我怎么自控力这么差呢？"

你越想越气，后来终于给自己找了一个开脱的理由："人类花了几百万年才走到了食物链顶端，我这也不吃，那也不吃，那做人还有什么意义？！"

于是，那次你不但吃了烧烤，还喝了一杯奶茶，外加一笼生煎包。

可吃完后，你更后悔了，可能会想："我到底在干什么？"

一个"放纵—后悔—再放纵—再后悔"的恶性循环就这样形成了。

你看，原本用于帮自己进步的自我批评，一旦没用好，反而适得其反，产生很多副作用。因此，你不能一味地自我批评，还

187 | 第四章　减少完美主义

要学会自我谅解。

　　自我谅解能很好地把你从后悔、羞耻、自责和绝望的泥潭中拉出来，打破"放纵—后悔—再放纵—再后悔"的恶性循环。如何做到自我谅解呢？你只要做好下面三个自我提问即可。

自我提问一：我为何会有负面情绪?

　　第一个自我提问的目的，是为了找出负面情绪的根源，以免你只顾着沉浸在负面情绪里，而没有走出来的方法。

　　举一个我自己的小案例。

　　有一天晚上，我 22:00 才到家，发现桌上有半包瓜子，正好肚子有点饿，于是我就在欢快的"咔嚓咔嚓"声中，轻松嗑完了半包瓜子。

　　之后，我对自己挺生气。

　　如果这时想着"我怎么能这么没有自控力呢"，我的情绪就会更糟糕，可能晚上都睡不好觉，这样连第二天的自控力都受影响了。

　　但好在我没有，我试着问了自己一个问题：我为何会对自己生气？

　　原来，我最近减重明显，正准备一鼓作气再瘦几斤，这时碰到了深夜里的这半包瓜子。瓜子不仅热量高，还富含油脂，而且我还是临睡前嗑的，在深夜把这么多瓜子吃下去，别说再瘦几斤，甚至可能会又长一两斤，减重节奏完全被打乱了，我的恼怒可想而知。

有了第一个提问，人就能从负面情绪里走出来，开始理性思考了。

自我提问二：其他人也会这样吗？

第二个自我提问的目的，是通过发现绝大多数人都有类似的情况，来避免对自己的否定。

比如，我就试着问了自己以下两个问题。

其他人肚子饿的时候，看到瓜子，是不是也会嗑呢？

嗑瓜子本就容易停不下来，其他人一嗑瓜子，是不是也会停不下来呢？

不需要问别人，我自己的认知就能回答这两个问题。

第一个问题的答案是"肯定会"，否则我开始嗑之前的那半包瓜子去哪了？

第二个问题的答案也是"肯定会"，因为嗑瓜子太简单了，只要牙齿一碰，就能得到"快准狠"的多巴胺满足。管理学中甚至有一个"瓜子理论"：一旦你开始嗑第 1 颗瓜子，你就会接着嗑第 2 颗、第 3 颗、第 4 颗，最后发现根本停不下来。

既然两个问题的答案都是肯定的，那就说明绝大部分人在相同场景下都会这么做，我只是普通人，所以偶尔这么放纵一下也很正常。

这么一想，我心里好受多了，恼怒的情绪瞬间减轻不少。

通过第二个提问，你的负面情绪就会进一步得到缓解，接下来就开始琢磨如何解决问题了。

自我提问三：我下一步要做什么？

第三个自我提问的目的，是为了第一时间做出改进，以消除负面影响。

自我谅解不是自我放纵的借口，不能在进行自我开脱后，依旧我行我素，继续放纵。

就像我给自己深夜嗑瓜子的行为开脱后，不能继续再去喝瓶可乐解解渴，或者第二天晚上继续嗑，而是要开始思考，接下来做什么，可以消除深夜嗑了这半包瓜子带来的影响，以及做什么可以避免类似的情况再次出现。

针对深夜嗑瓜子的行为，我采取了以下两个对策。

第二天少吃一些，以便抵消因嗑瓜子摄入的多余热量。

拜托家人，以后不要再让零食出现在我的视线里。

这么安排后，我不但负面情绪完全消失了，而且还挺心满意足地睡了一个好觉。

通过上面这三个自我提问完成自我谅解后，我相信，你也不会在负面情绪中过多停留，更不会"破罐子破摔"，彻底放纵自己。

过于严厉的自我批评看似正确，但实际上弊大于利，你很容易在负面情绪里耗尽精力，丧失前进的勇气；正确的自我谅解看似放松要求，实则更能提高你持续做好一件事的韧性。

人生只有走出来的美丽，没有恼怒出来的辉煌。祝你在自我谅解中变得越来越优秀！

本章小结与讨论

读完这一章你会发现，你不需要是"完人"，甚至哪怕毛病一大堆，一样可以很优秀，一样可以在别人眼中"光芒万丈"，就像我这样，在YouCore公众号上发个文章有时都会拖延的人，你依然会觉得还不错。所以，是否完美并不重要，重要的是你要做好下面四点减法。

减少对标准的过度拔高，做到刚刚好。

破除对开头的完美预期，敢于从"烂"开始。

降低对过程的自律要求，接受自己的拖延。

避免对结果的自我苛求，多多自我谅解。

莱昂纳德·科恩说："不够完美又如何，万物皆有裂痕，那是光照进来的地方"，祝我们大家都能走出完美主义的禁锢，与缺憾和解！

第五章

综合应用:
333 时间管理法

JIANFA

减少贪多求快、减少过高期待、减少过度消耗、减少完美主义，做减法的这四大策略，无论你单独应用哪一点，我相信都一定能大大提高你在工作、学习、生活中的效率，减轻你的压力，提升你的自我掌控感。

如果你还能将这四大策略融会贯通、综合应用，那效果将更加显著。

在本书的综合应用篇里，我将以 333 时间管理法为例，演示综合应用做减法的四大策略，是如何提升你的时间管理、精力管理和自我管理水平的。

在尝试 333 时间管理法之前，我尝试过很多时间管理方法，但坦率地说，效果都不大好。有些方法过于理想化，看起来很美好，但实际操作起来很困难，比如严格的计划表；还有一些方法过于碎片化，单独使用时可能有一些帮助，但组合起来使用时却不协调。例如，当番茄钟和日复盘的某些功能重叠时，应该如何处理？日程表、备忘录、清单和日历，应该选择哪一个？

融合了做减法的四大策略的 333 时间管理法与已有的时间管

理方法不同，它既解决了方法理想化的问题，又解决了方法碎片化的问题，我个人、整个 YouCore 团队，以及来 YouCore 学习的学员，在采用这个方法后，每个人的时间管理、精力管理和自我管理水平都有了显著的提升。

这个时间管理方法，之所以叫 333 时间管理法，是因为它由三个部分组成，每个部分又包含三个要素，如图 5-1 所示。

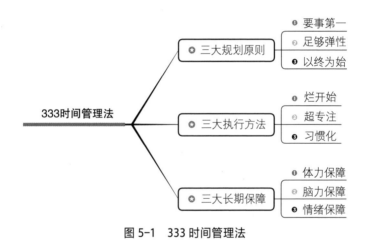

图 5-1　333 时间管理法

第一个部分包含三大规划原则：要事第一、足够弹性、以终为始，主要应用了减少贪多求快、减少过高期待两大做减法的策略。

第二个部分包含三大执行方法：烂开始、超专注、习惯化，主要应用了减少完美主义这一做减法策略，以及减少过度消耗这一做减法策略中的减少意志力消耗方法。

第三个部分包含三大长期保障：体力保障、脑力保障、情绪保障，主要应用了减少过度消耗这一做减法策略中的减少体力消耗、减少脑力消耗、减少情绪消耗的方法。

由于深度融合了四大做减法策略，333 时间管理法可以有效地帮你解决以下问题。

有时时间不够用，有时却又闲得不知道干什么；

每天忙得不行，但重要的事好像一点没完成；

总是在拖延，有些事拖得自己都不好意思再提；

总觉得筋疲力尽，晚上不想睡、早上不想起。

333 时间管理法的具体落地，由闭环的四项任务构成。

（1）准备：适合自己的时段及事项划分；

（2）规划：制订可行的周计划；

（3）执行：更高效地执行周计划；

（4）应变：灵活应对各种意外情况。

现在，让我们从"准备：适合自己的时段及事项划分"开始，踏上 333 时间管理法的落地之旅。

第一节

准备：适合自己的时段及事项划分

　　根据以终为始的规划原则，我们先来看看在第一项任务里，需要输出的"终"是什么，如图 5-2 所示。

　　这个时段及事项划分的输出，包含两个部分。

1. 一周时段划分

　　将你一周的时段分成四种类型：要事时段、计划内其他事项时段、留白时段和弹性时段。

2. 一周事项划分

　　将你一周的事项分成三种类型：A 类（计划内的要事）、B 类（计划外的紧急事项）、C 类（计划内的其他事项）。

　　为了输出这个时段及事项划分的成果，你需要按顺序完成四

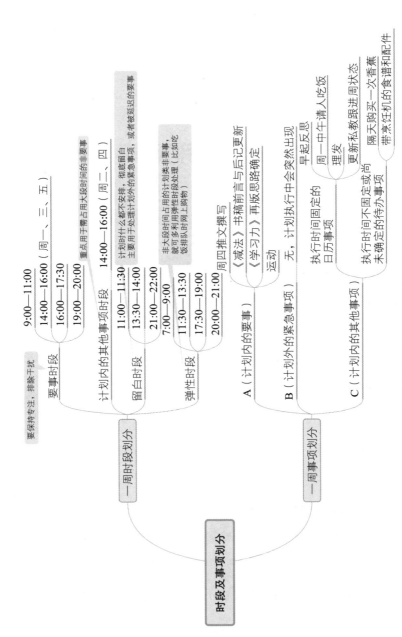

图 5-2 时段及事项划分的输出

个步骤，分别是：①划分时段；②归类时段；③列出所有事项；④归类事项，如图 5-3 所示。

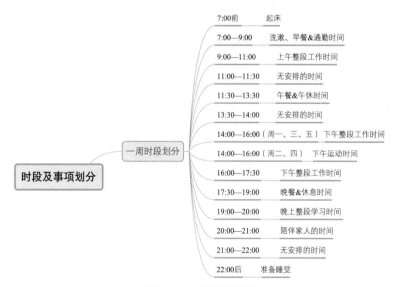

划分时段　归类时段　列出所有事项　归类事项

图 5-3　输出时段及事项划分的四个步骤

步骤一：划分时段

在这一步中，我们需要将一周的时间划分为不同的时段，类似于如图 5-4 所示的思维导图。其中每个时段最长不得超过 2 小时。

图 5-4　一周时段划分

为什么要划分时段呢？

这是 333 时间管理法中三大执行方法中的习惯化的应用，目的是让你的日程安排更规律化，让你的行动更自动化。

日程安排规律化，会带来两个特别的好处。

好处一：事项的安排更符合你自己的生物钟

例如，你的生物钟使你习惯了 7:00 起床，你没必要在 6:00 就安排自己起床看书。这样的早起看似多了 1 小时的时间，但由于起得过早，你整天都会感到萎靡不振，实际上浪费的时间远远超过了早起的 1 小时，得不偿失。

好处二：减少意志力消耗，事项执行更自然、更轻松

例如，你已经习惯 11:30 吃饭，13:00 午休，你可以根据这两个已经自动化的行动来安排事项。这样哪怕不看计划，你也知道该如何去做，而且你还会很轻松、很自然，不需要特别注意，更不需要耗费宝贵的意志力来迫使自己去执行。

具体如何划分一周的时段，你可以按顺序执行下面四个动作。

动作 1.1：分别写下你起床和睡觉的时间，如图 5-5 所示。

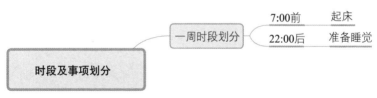

图 5-5 一周时段划分—动作 1.1

如果工作日和周末的起床及睡觉时间不一致，可以分别列出工作日和周末的起床及睡觉时间。

动作 1.2：在起床和睡觉时间之间，填入洗漱、一日三餐、陪伴家人、通勤及休息的时间，如图 5-6 所示。

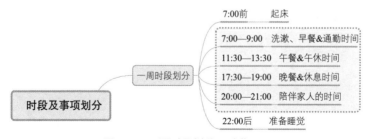

图 5-6 一周时段划分—动作 1.2

在预估洗漱、一日三餐、通勤及休息的时间时，不要过于乐观，要按悲观情况来预估，给自己留出充足的时间。

例如，正常的洗漱时间可能要 20 分钟，但有时候会因为等待使用洗手间或肚子不舒服而延迟到 30 分钟，那就要按 30 分钟来预估；正常的上班通勤时间可能是 25 分钟，但有时候会因为交通拥堵需要 40 分钟，那就要按 40 分钟来预估。

动作 1.3：填入你工作 / 学习 / 生活中的大段时间划分。

例如，每天 9:00—11:00 是一个大段时间，那就将 9:00—11:00 划为一个时段；19:00—20:00 会自我学习，那就将 19:00—20:00 划为一个时段，如图 5-7 所示。

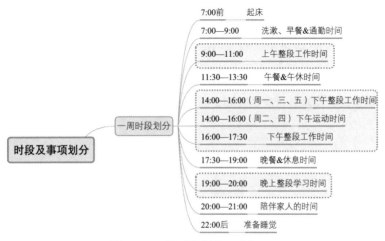

图 5-7　一周时段划分—动作 1.3

如果周一、周三、周五和周二、周四的同一时间段安排不同，就将它们划分为两个时间段。

动作 1.4：补上留白时段。

完成上面三个动作后，如果你发现在起床和睡觉之间还有一些留白时段，可以将它们作为未安排事项的时段，如图 5-8 所示。

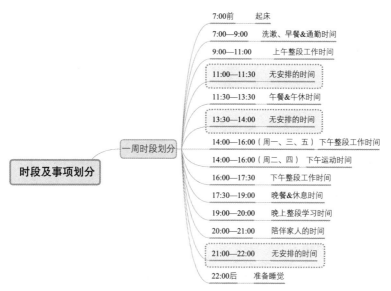

图 5-8　一周时段划分—动作 1.4

补上留白时段后，你一周内每天的时段划分就完成了。

步骤二：归类时段

在这一步中，我们将对步骤一中划分的时段进行四个类别的归类，分别是要事时段、计划内的其他事项时段、留白时段和弹性时段，如图 5-9 所示。

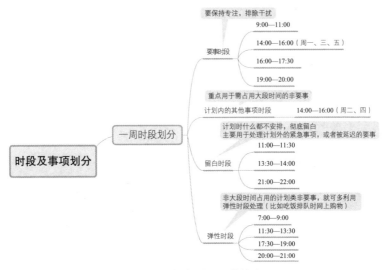

图 5-9　归类时段后的输出

为什么要进行时段归类呢？

这就是 333 时间管理法中，要事第一和足够弹性两个规划原则的应用。

对时段进行归类有两个好处。

好处一：更能实现要事第一

第一，你可以优先保证将你精力最充沛、最整段的时间分配给要事；第二，将非要事分配到其他时段，可以减少这些事项对要事的干扰。

好处二：实现足够弹性

第一，根据社会心理学的研究，因为自我服务偏差的影响，人们在计划时往往存在盲目乐观倾向。例如，明明需要至少 4 小时完成的要事，通常只会分配 3 小时，这就会导致在 3 小时内无法完成要事。这时，就可以利用留白时段来补充额外的 1 小时。

第二，外部环境是我们无法完全控制的，因此计划往往赶不上变化，总会出现计划外的事项。例如，你正在赶报告时，领导突然叫你去与客户开会。假如预留了留白时段，你就可以用这些时间来处理计划外的紧急事项，或者当原本分配给要事的时段被计划外的紧急事项占用时，可以用留白时段来处理要事。

具体如何进行时段归类，你可以按顺序执行下面四个动作。

动作 2.1：归类要事时段。

将不受干扰且精力充沛的大段时间拿出来，优先作为要事时段。

比如，时段表里的 9:00—11:00，周一、周三、周五的 14:00—16:00，每天的 19:00—20:00 等，如图 5-10 所示。

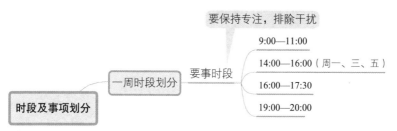

图 5-10 归类时段—动作 2.1

动作 2.2：归类留白时段。

将自己精力一般、通常不做什么安排、至少 30 分钟持续时长的时间段设为每天的留白时段。

比如，时段表里的 11:00—11:30、13:30—14:00 以及 21:00—22:00，如图 5-11 所示。

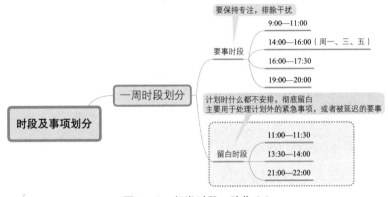

图 5-11　归类时段—动作 2.2

需要特别注意的是，留白时段在计划时完全设为空白，不提前安排任何事项。

因为这些留白时段是作为风险储备设置的，用来应对以下两种情况：①有计划外的紧急事项发生；②要事执行延迟后，需要时间补充进行。

假如某天效率高且没有任何计划外的紧急事项，你完全可以在留白时段自由发挥，留着发呆，或用来休息。

动作 2.3：归类弹性时段。

将已安排事项但很可能不会用掉全部时间的时段，作为弹性时段。

例如，你在吃饭时，还能网上购物；通勤时，还能听听音频；排队时，还能刷刷新闻等。加入弹性时段后，时段表如图 5-12 所示。

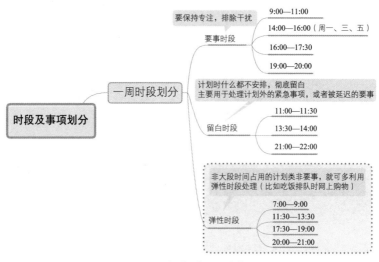

图 5-12 归类时段—动作 2.3

你的一些杂务，比如购物、订票、回复不紧急的消息等，可以安排在弹性时段处理，这样既处理了杂务，又避免了弹性时段的无所事事（比如，吃饭前坐着等人到齐就挺枯燥的）。

动作 2.4：归类计划内其他事项时段。

将要事时段、留白时段和弹性时段归类好后，剩下的时段就作为计划内的其他事项时段，用于处理需要整段时间处理的非要事。例如，一些时长 1 小时的会议，一个要花 1 小时调整格式的文档等，如图 5-13 所示。

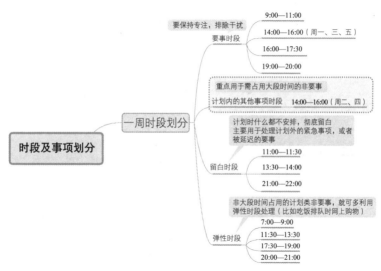

图 5-13　归类时段—动作 2.4

通过以上四个动作，一周的时段归类就完成了。

步骤三：列出所有事项

时段归类好后，我们就要来进行一周事项的归类了。

列出一周的所有事项，如图 5-14 所示。

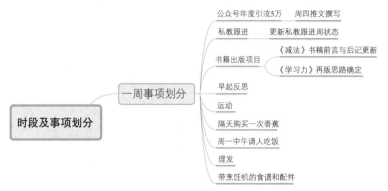

图 5-14　列出一周所有事项后的输出

在列出一周所有事项时，记得不要进行任何筛选，将你想到的所有事项都列上。这样，大脑在一段时间内只需要专注于一个类型的任务，效率更高，你完成任务的心情也会更好。

具体的做法包括两个动作。

动作 3.1：罗列事项。

列出你的年度计划、年度日常任务、重要项目、日常周期性任务，以及其他你想到的事项和别人安排给你的事项，如图 5-15 所示。

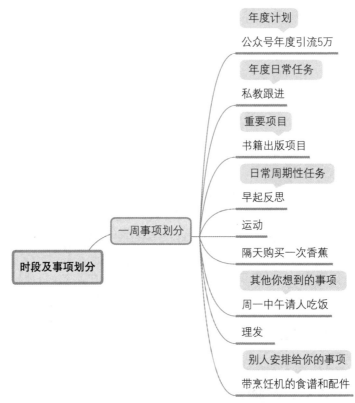

图 5-15　列出一周所有事项—动作 3.1

动作 3.2：分解事项

将一些大的事项，如年度计划、年度日常任务和重要项目，分解出一周内需要完成的具体事项，如图 5-16 所示。

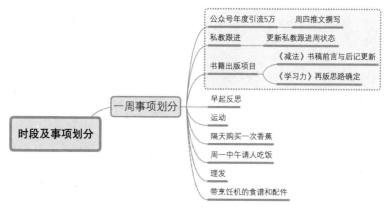

图 5-16　列出一周所有事项—动作 3.2

　　这个分解，就是 333 时间管理法里以终为始这一规划原则的应用，它可以让你专注于当下，聚焦于具体的执行过程，减轻焦虑感。同时，它还能确保你不会偏离整体方向。

　　通过上面简单两个动作，你就能够列出一周所有事项了。

步骤四：归类事项

　　当一周所有事项都列出来后，我们要对这些事项进行归类，输出一周的事项归类，如图 5-17 所示。

　　为什么要进行事项归类呢？

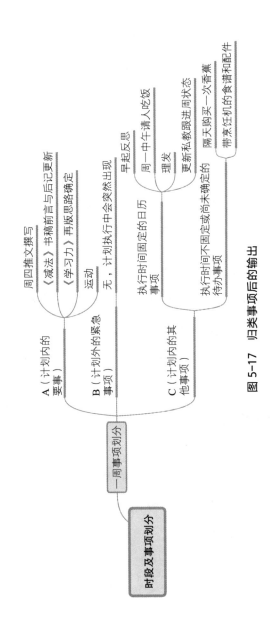

图 5-17　归类事项后的输出

这是 333 时间管理法里，要事第一这一规划原则和超专注这一执行方法的应用。通过将要事与其他事项区分开，你可以更加专注于要事的完成。

具体的做法是先对要事进行归类，然后再对其他事项进行归类。

动作 4.1：归类 A 类要事。

A 类要事主要来自年度计划、重要项目的分解，或者你临时想起的与你人生目标相关的重要事项，这些事项归类为 A 类事项（计划内的要事），如图 5-18 所示。

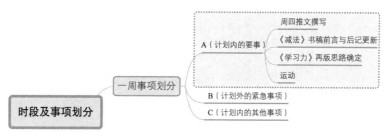

图 5-18　归类事项—动作 4.1

动作 4.2：归类 B、C 类事项。

B 类事项（计划外的紧急事项）不需要提前计划，它们是在执行过程中突然出现的事项。

将剩下的事项归类到 C 类事项（计划内的其他事项）里。C 类事项又可以分为两个子类：日历事项（执行时间固定）和待办事项（执行时间不固定或尚未确定），如图 5-19 所示。

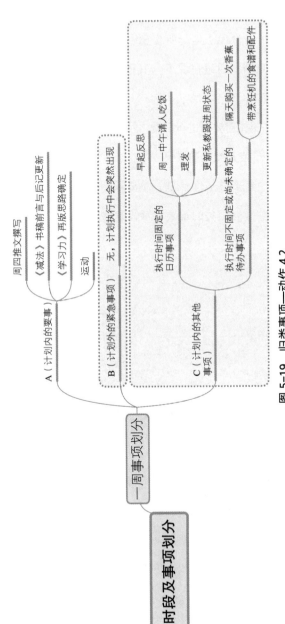

图 5-19 归类事项—动作 4.2

经过以上两个动作，一周的事项就完成了归类。

在时段及事项划分这项任务中，我们一起通过四个步骤（划分时段、归类时段、列出所有事项、归类事项）完成了一周时段和一周事项的整理。

时段及事项划分，应用了 333 时间管理法里要事第一、足够弹性和以终为始的三大规划原则，以及超专注、习惯化的执行方法，这些原则和方法可以帮你更好地将不同事项分配到更适合的时段。

比如，A 类事项（计划内的要事）会在专门的要事时段完成；C 类事项（计划内的其他事项）会在计划内的其他事项时段和弹性时段完成；而 B 类事项（计划外的紧急事项）则会在留白时段完成，或者占用要事时段完成，相应的要事再在留白时段完成。

方法虽然简单，但你只要真正实践这个方法，就一定能感受到时间管理水平有了快速提高。

第二节

规划：制订可行的周计划

333 时间管理法的第二项任务是制订可行的周计划，即将时段及事项划分的结果落地到周要事计划、日历和待办清单中。

根据以终为始的规划原则，在这项任务中，我们需要输出三个"终"。

第一个"终"是周要事计划，如图 5-20 所示。

在周要事计划中，只计划 A 类事项（计划内的要事），其他事项一律不计划在此表中。

第二个"终"是日历，如图 5-21 所示。

①黑色：当天原定的工作（计划内）；②蓝色：当天突然增加的任务（计划外）；③红色：需要重点关注的工作（当天未完成）；④灰色：已完成的工作

黑色：当天原定的工作（计划内）

时间	周几	周一	周二	周三	周四	周五	周六	周日
7:00—9:00	计划			弹性时段：洗漱、早餐&通勤时间				
	实际执行							
9:00—10:00	计划	周四推文提纲梳理（黑色）		周四推文终稿（黑色）		《减法》书稿的后记更新（黑色）		
	实际执行							
10:00—11:00	计划	周四推文初稿撰写（黑色）				《学习力》再版思路的导图梳理（黑色）		
	实际执行							
11:00—11:30	计划	留白时段（灰色）		留白时段（灰色）		留白时段（灰色）		
	实际执行							
11:30—13:30	计划			弹性时段：午餐&午休时间				
	实际执行							
13:30—14:00	计划	留白时段（灰色）		留白时段（灰色）		留白时段（灰色）		
	实际执行							
14:00—16:00	计划	跑步（黑色）		力量训练、跑步（黑色）		力量训练、跑步（黑色）		
	实际执行							
16:00—16:30	计划	周四推文素材采集（黑色）		留白时段（灰色）		留白时段（灰色）		
	实际执行							
16:30—17:30	计划	周四推文素材采集（黑色）		《减法》书稿的前言更新（黑色）		《学习力》再版思路的导图梳理（黑色）		
	实际执行							

图 5-20 周要事计划示例

图 5-21　日历示例

　　日历中记录的是 C 类事项（计划内的其他事项）中，执行时间固定的日历事项。要事无须记录在日历中，因为你会熟记于心，并知道何时执行，因此不会忘记，无须日历提醒。

　　第三个"终"是待办清单，如图 5-22 所示。

　　待办清单中记录的是 C 类事项（计划内的其他事项）中，执行时间不固定或尚未确定的待办事项。

图 5-22 待办清单示例

与日历中的事项相比，待办清单中的事项的执行时间不固定，只要有空就可以处理，甚至有可能不需要处理。对于待办清单中的事项，可以设置截止时间，也可以不设置截止时间，具体取决于不同的情况。

将时段及事项划分的导图输出为上述三个"终"需要经过四个步骤，分别是：①分配时段；②更新要事；③更新日历；④更新待办，如图 5-23 所示。

图 5-23　制订周计划的四个步骤

步骤一：分配时段

在这一步骤中，我们需要将一周的所有事项分配到每天的不同时段，如图 5-24 所示。

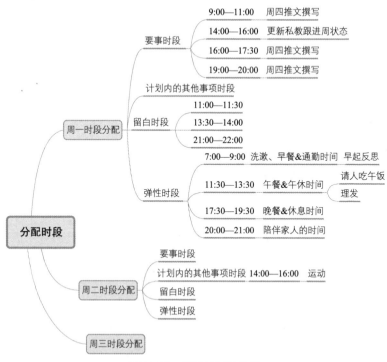

图 5-24　分配时段的输出

具体的分配方式可以按照以下两个动作顺序执行。

动作 1.1：将时段分为 7 天，如图 5-25 所示。

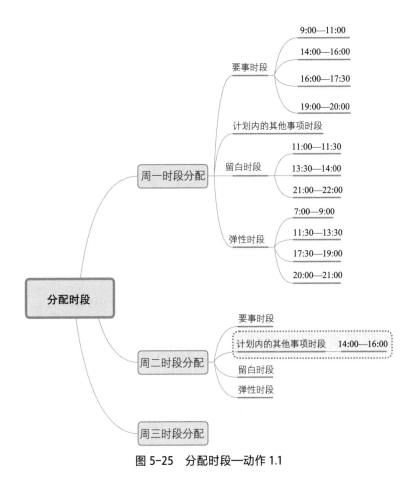

图 5-25　分配时段—动作 1.1

在时段及事项划分的导图基础上，新增周一到周日共 7 天的时段分配节点，然后将之前划分好的时段复制到每一天的节点后。

在复制时需要特别注意，不同天的时段划分可能会有所不同。例如，在图 5-25 中，周一的 14:00—16:00 是要事时段，而周二的 14:00—16:00 则是计划内的其他事项时段。

动作 1.2：给各事项分配适合的完成时段，如图 5-26 所示。

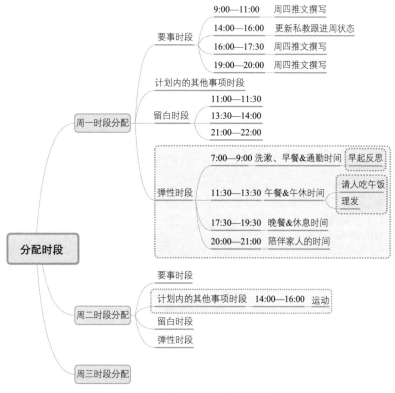

图 5-26 分配时段—动作 1.2

在每天的时段划分完成后，接下来是给每个事项分配合适的完成时段。A 类事项（计划内的要事）应该被分配到专门的要事时段中，这没有问题。然而，对于 C 类事项的分配（计划内的其他事项），需要注意以下三点。

1. 需要连续大段时间且不能分心的事项，应该分配到计划内的其他事项时段。

2. 不需要连续大段时间的事项，或者虽然需要连续大段时间但可以在分心的情况下完成的事项，应该分配到各个弹性时段中，比如早起反思、请人吃午饭、理发等。

3. 执行时间不固定或尚未确定的待办事项，不需要提前分配时段，有空闲时间就可以处理，没有空闲时间则可以不处理。

经过上述两个动作，就基本确定了每个事项在何时进行以及每个时段需要完成哪些事项。分配时段这个步骤每周只需进行一次，如果以后很熟练了，甚至可以跳过不做。

步骤二：更新要事

在这一步骤中，我们只需要关注要事，并将它们更新到周要事计划中，如图 5-27 所示。

①黑色：当天原定的工作计划（计划内）；②蓝色：当天突然增加的任务（计划外）；③红色：需要点关注的工作（当天未完成）；④灰色：已完成的工作（黑色）

时间	周几	周一	周二	周三	周四	周五	周六	周日
7:00—9:00	计划	弹性时段：洗漱、早餐&通勤时间						
	实际执行							
9:00—10:00	计划	周四推文提纲梳理（黑色）				《减法》书稿的后记更新（黑色）		
	实际执行							
10:00—11:00	计划	周四推文初稿撰写（黑色）		周四推文终稿（黑色）		《学习力》再版思路的导图梳理（黑色）		
	实际执行							
11:00—11:30	计划	留白时段（灰色）		留白时段（灰色）		留白时段（灰色）		
	实际执行							
11:30—13:30	计划	弹性时段：午餐&午休时间						
	实际执行							
13:30—14:00	计划	留白时段（灰色）		留白时段（灰色）		留白时段（灰色）		
	实际执行							
14:00—16:00	计划	跑步（黑色）		力量训练、跑步（黑色）		力量训练、跑步（黑色）		
	实际执行							
16:00—16:30	计划	周四推文素材补采集（黑色）		留白时段（灰色）		留白时段（灰色）		
	实际执行							
16:30—17:30	计划	周四推文素材采集（黑色）		《减法》书稿的前言更新（黑色）		《学习力》再版思路的导图梳理（黑色）		
	实际执行							

图 5-27 更新周要事计划的输出

你可以按顺序执行下面三个动作。

动作 2.1：修改表格时段。

创建一个新的周要事计划表，你可以使用你熟悉的工具，如 Excel、印象笔记中的表格功能等。然后，将根据时段及事项划分的内容，填入表中每个时段的计划一行，如图 5-28 所示。

时间		周一	周二	周三	周四	周五
①黑色：当天原定的工作计划（计划内）；②蓝色：当天突然增加的任务（计划外）；③红色：需重点关注的工作（当天未完成）；④灰色：已完成的工作						
7:00—9:00	计划					
	实际执行					
9:00—10:00	计划					
	实际执行					
10:00—11:00	计划					
	实际执行					
11:00—11:30	计划					
	实际执行					
11:30—13:30	计划					
	实际执行					
13:30—14:00	计划					
	实际执行					
14:00—16:00	计划					
	实际执行					
16:00—16:30	计划					
	实际执行					

图 5-28 更新周要事计划—动作 2.1

需要特别注意以下三点。

1.每个时段的持续时间不超过 2 小时。如果某个时段超过 2 小时，将其拆分为几个时段，确保每个时段的持续时间都在 2 小时以内。

2.如果周一有个时段是 10:00—11:30，周二有个时段是 11:00—11:30，那么将其拆为 10:00—11:00、11:00—11:30 两个时

段，确保每天的每个时段都有独立的一行。

3. 每个时段在表格中占据两行。上面一行是计划内容，下面一行是实际执行情况。

动作 2.2：标识留白和弹性时段。

优先在周要事计划表里，将留白时段和弹性时段标识出来。如图 5-29 所示。

时间 ╲ 周几	周一	周二	周三	周四	周五
①黑色：当天原定的工作计划（计划内）；②蓝色：当天突然增加的任务（计划外）；③红色：需重点关注的工作（当天未完成）；④灰色：已完成的工作					
7:00—9:00 计划	弹性时段：洗漱、早餐&通勤时间				
实际执行					
9:00—10:00 计划					
实际执行					
10:00—11:00 计划					
实际执行					
11:00—11:30 计划	留白时段（灰色）		留白时段（灰色）		留白时段（灰色）
实际执行					
11:30—13:30 计划	弹性时段：午餐&午休时间				
实际执行					
13:30—14:00 计划	留白时段（灰色）		留白时段（灰色）		留白时段（灰色）
实际执行					
14:00—16:00 计划					
实际执行					
16:00—16:30 计划			留白时段（灰色）		留白时段（灰色）
实际执行					

图 5-29 更新周要事计划—动作 2.2

标识留白时段时，将字体颜色设置为灰色。因为在计划时该时段不安排任何具体事项，因此在这个时段内无论完成什么事项都可以，所以用代表完成的灰色。

标识弹性时段时，需要注意以下三点。

1. 使用黑色字体，不加粗，并与留白时段设置相同的背景色，以与要事时段区分开。

2. 在弹性时段处写明预留的弹性时段主要事项。例如："弹性时段：午餐 & 午休时间"。

3. 如果连续几天的留白时段或弹性时段相同，可以使用合并单元格功能将它们合并，使周要事计划表更清晰。

动作 2.3：填充要事时段。

第三个动作是在周要事计划表的要事时段填写要事内容，如图 5-30 所示。

时间	周几	周一	周二	周三	周四
①黑色：当天原定的工作计划（计划内）；②蓝色：当天突然增加的任务（计划外）；③红色：需重点关注的工作（当天未完成）；④灰色：已完成的工作					
7:00—9:00	计划		弹性时段：洗漱、早餐&通勤时间		
	实际执行				
9:00—10:00	计划	周四推文提纲梳理（黑色）		周四推文终稿（黑色）	
	实际执行				
10:00—11:00	计划	周四推文初稿撰写（黑色）			
	实际执行				
11:00—11:30	计划	留白时段（灰色）		留白时段（灰色）	
	实际执行				
11:30—13:30	计划		弹性时段：午餐&午休时间		
	实际执行				
13:30—14:00	计划	留白时段（灰色）		留白时段（灰色）	
	实际执行				

图 5-30 更新周要事计划—动作 2.3

在填写要事内容时，需要注意以下两点。

1. 使用黑色加粗字体。

2. 每个要事时段的要事，要拆解为这个时段可以完成的阶段成果，最好是可以衡量的成果。

例如，周四推文撰写这项要事，可以在周一的两个要事时段中拆解为周四推文提纲梳理和周四推文初稿撰写，在周三的要事时段中拆解为周四推文终稿。

这样，每个要事时段的工作就有了明确的目标，并且在完成后可以进行衡量，这正是 333 时间管理法中以终为始原则的应用。

通过以上三个动作，一个既遵循了要事第一的规划原则，同时又有足够弹性的周要事计划，就制订好了。

步骤三：更新日历

填写好周要事计划后，我们就将 A 类事项（计划内的要事）分配到对应的时段了。接下来，我们需要将 C 类事项（计划内的其他事项）中执行时间固定的事项，更新到带有自动提醒功能的日历里，如图 5-31 所示。

你也许会有疑问：为什么要将要事和非要事分别放在两个地方？这样不是很麻烦吗？

这是一个非常好的问题。

这样做应用了 333 时间管理法里中要事第一的规划原则、超专注的执行方法及三大长期保障。

图 5-31 更新日历后的输出

1. 不将非要事放在周要事计划里，可以避免你分散注意力去处理这些事项，更容易在要事时段内专注处理要事。

2. 当你看到周要事计划中的事项较少时，会感到心情轻松，大脑就能够调动更多的认知资源和情绪资源。

3. 将 C 类事项记录在日历中，有两个特别的作用。

第一，将事项写下来，人们很容易就会觉得它已经完成了，并且感到安心。因此，将非要事记录到日历中后，你能够专注地处理要事。

第二，将这些 C 类事项记录到带有自动提醒功能的日历中，可以避免遗漏。因为到了执行时间，日历会自动提醒你。

如何将 C 类事项记录到日历里呢？

你可以用手机自带的日历 App（或其他带日历功能的 App），选择新建日程，填上事项名称、开始 / 结束时间，以及是否要定时或重复提醒。

逐一填好后，你就得到了一个既安排好了时段，又有自动提醒功能的日历。图 5-32 是更新日历步骤的示意图。

图 5-32　更新日历的步骤

步骤四：更新待办

最后一个步骤是将 C 类事项（计划内的其他事项）中执行时

间不固定或尚未确定的事项，更新到待办清单中，如图 5-33 所示。

图 5-33 更新待办清单后的输出

为什么既不将待办清单中的事项放在周要事计划中，也不放在日历中呢？

这是由这类事项的特点决定的：第一，这类事项的执行时间不固定，因此不需要通过日历进行提醒；第二，有些事项甚至尚未确定是否要做，因此更没必要放在日历中。

将这类事项放入待办清单的做法，不仅贯彻了 333 时间管理法中要事第一的规划原则，也充分体现了足够弹性的规划原则。因为待办清单中的事项可以在空闲时间完成，除了能帮助你清空大脑，还能帮助你充分利用碎片化的时间。

例如，我在中午吃饭时或者晚上通勤回家的路上，可以用手机订购香蕉。

如何将这类事项记录到待办清单中呢？

你可以用手机自带的备忘录 App（或其他带类似功能的 App），选择新建待办事项，填上事项名称即可。假如有些事项有地点和截止时间要求，你还可以加上地点和时间。

逐一填写好后，待办清单就完成了，图 5-34 是更新待办清单步骤的示意图。

图 5-34　更新待办清单的步骤

通过以上四个步骤，你完成了一个具有高可执行性的周计划，包括周要事计划、日历和待办清单。

这三个计划的输出，应用了 333 时间管理法中要事第一、足够弹性和以终为始的三大规划原则，超专注、习惯化的两大执行方法，以及体力、脑力和情绪的三大长期保障。

制订周计划既帮你做到了聚焦要事，又帮你实现了一事不落，还充分利用了碎片化时间，你要不要制订一个周计划试试呢？

第三节

执行：更高效地执行周计划

周计划制订好之后，就需要按计划执行了。

在执行周计划的过程中，我们可能会面临各种不同的情况。最理想的情况是诸事顺利，一切按计划进行；然而，你在执行计划时也有可能会遇到各种内外干扰，无法按计划进行；或者你可能因为前一晚没有睡好，第二天没有足够的精力来执行计划。

不过，只要你掌握好 333 时间管理法的精髓，无论遇到什么情况，你都可以高效地执行周计划。

接下来，我们将分别看看如何使用 333 时间管理法应对不同场景。

场景一：正常按计划执行的场景

计划如果是正常执行的，我们只需要按顺序完成以下三个步骤即可：执行前的预先了解；执行时的按部就班；执行后的及时记录。

步骤 1：执行前的预先了解

每天早起反思时，你可以打开周要事计划，查看当天安排的要事是哪些，以及它们分别要在哪些时段里完成，如图 5-35 所示。

时间		周一	周二	周三	周四
①黑色：当天原定的工作计划（计划内）；②蓝色：当天突然增加的任务（计划外）；③红色：需重点关注的工作（当天未完成）；④灰色：已完成的工作					
7:00—9:00	计划			弹性时段：洗漱、早餐&通勤时间	
	实际执行				
9:00—10:00	计划	周四推文提纲梳理（黑色）		周四推文终稿（黑色）	
	实际执行				
10:00—11:00	计划	周四推文初稿撰写（黑色）			
	实际执行				
11:00—11:30	计划	留白时段（灰色）		留白时段（灰色）	
	实际执行				
11:30—13:30	计划			弹性时段：午餐&午休时间	
	实际执行				
13:30—14:00	计划	留白时段（灰色）		留白时段（灰色）	
	实际执行				

图 5-35　当天的要事安排

查看完要事安排后，再浏览当天的日历，看看当天有哪些要做的其他事项，如图 5-36 所示。

图 5-36　当天的其他事项

待办清单则可看可不看。一方面，因为这些事项并非当天必须完成；另一方面，当你有空闲时间时，一天中有很多机会可以查看和处理它们。

为什么要在开始执行当天计划前，对当天的要事安排和日历进行总览呢？

想象一下这个场景：如果你在一个陌生的地方行走，每走完一段才知道下一段怎么走，你是不是在很难受的同时还很忐忑？

这是因为人类的大脑对不确定的未知，有一种本能的排斥和厌恶。

但如果你有一张清晰准确的路线图，你是不是立马就感到放心、有底气了？

这是因为你给大脑做了一个预告，让它知道接下来会发生什么，降低了它的不确定感。同时，你也在心中形成了对当天所有安排的整体印象。

步骤 2：执行时的按部就班

执行计划时，针对三类不同的事项，在对应时段按部就班地执行即可。

（1）要事时段：只做要事，抵制一切干扰；

（2）日历时段：当提醒出现时，处理当天计划内的其他事项；

（3）弹性时段或留白时段：如果有空闲时间，可以查看待办清单并完成可做的事项；如果没有要处理的事项，可以自由安排其他事项，甚至是娱乐或放空。

步骤 3：执行后的及时记录

每个时段的事项完成后，要及时记录计划执行情况，如图 5-37 所示。

11:00—11:30	计划	留白时段（灰色）
	实际执行	用于弥补初稿撰写时间，完成了1/3（灰色）
11:30—13:30	计划	**弹性时段：午餐&午休时间**
	实际执行	跟Lenny吃完了饭；饭后理发；13:00开始午休（灰色）
13:30—14:00	计划	留白时段（灰色）
	实际执行	回复微信消息；打印一页资料（灰色）

图 5-37　记录的计划执行情况

在记录计划执行情况时，需要特别注意以下三点。

第一点，用不同的字体颜色，标识不同的完成情况， 如图5-38 所示。

时间 \ 周几		周一	周二
①黑色：当天原定的工作计划（计划内）；②蓝色：当天突然增加的任务（计划外）；③红色：需重点关注的工作（当天未完成）；④灰色：已完成的工作			
7:00—9:00	计划		
	实际执行	孩子出门忘带水杯，给他送过去（蓝色）	
9:00—10:00	计划	**周四推文提纲梳理（红色）**	
	实际执行	9:15—9:30处理一个紧急咨询；9:30开始，提纲梳理了1/3（灰色）	
10:00—11:00	计划	**周四推文初稿撰写（黑色）**	
	实际执行	用于完成推文提纲的梳理（灰色）	

图 5-38　不同完成情况的标识

（1）黑色：代表当天原定的工作计划（计划内）。

（2）蓝色：代表当天突然增加的任务（计划外）。我们在更新周要事计划时，不会改变计划行中的内容，而是将这些计划外任务记录在相应时段的实际执行行中，例如图 5-38 中 7:00—9:00 时段的"孩子出门忘带水杯，给他送过去"。

（3）红色：代表需重点关注的工作（当天未完成）。如果需要继续完成，就要调整后几天的计划，重新安排执行时段。例如图 5-38 中 9:00—10:00 时段的要事没完成，颜色填写时使用红色字体。

（4）灰色：代表已完成的工作。除了当天突然增加的任务的执行情况说明，其他实际执行内容的填写，字体颜色都用灰色。

第二点，不仅是要事的执行情况，所有在本时段处理的事项，包括日历中的事项、待办清单中的事项以及计划外的事项，都应记录在实际执行中，如图 5-39 所示。

11:00—11:30	计划	留白时段（灰色）
	实际执行	用于弥补初稿撰写时间，完成了1/3（灰色）
11:30—13:30	计划	**弹性时段：午餐&午休时间**
	实际执行	跟Lenny吃完了饭；饭后理发；13:00开始午休（灰色）
13:30—14:00	计划	留白时段（灰色）
	实际执行	回复微信消息；打印一页资料（灰色）

图 5-39　记录的实际执行情况

为什么除了要事，还要记录其他事项的执行情况呢？

原因有如下两个。

第一，要事被延迟，除了因为计划时的盲目乐观导致预估的时间不足，最主要的原因就是被其他事项干扰。通过记录所有事项的执行情况，可以清楚地看出哪些事项干扰了要事的执行，从而更有效地调整今后的周要事计划。

第二，很多时间管理方法，会建议你花一周时间记录自己每天的时间使用情况，但这很难达到预期效果，因为这是需要额外完成的任务，既增加了负担，又不会立即产生效果，很难坚持下去。然而，如果在更新各个时段的实际执行情况时顺便进行记录，则既简单又能为你优化时间管理提供更准确的参考。

因此，在计划时只记录要事，执行后却记录所有事项的执行情况，可以帮你既做到计划和执行时的聚焦，又做到复盘时的信息聚集。

第三点，一定要及时记录。

最好是在下个时段开始之前，花费 30 秒到 1 分钟的时间，记录上个时段的执行情况。如果实在做不到，那至少每半天更新一次，而不是等到晚上再一起更新。

为什么要特别强调一定要及时记录呢？有三个原因。

（1）避免事后回忆的失真。许多当时的情况和体验在事后回忆时会逐渐模糊。如果不及时记录，可能会忘记很多重要细节和体会。

（2）降低复盘的难度。待更新和总结的内容越多，大脑感知到的压力就越大，越不愿意去做。这就是许多人无法坚持每日复盘或每周复盘的原因。

你可以自己体会一下：花费 30 秒到 1 分钟的时间更新一点内容，和花费至少 10 分钟回忆一整天的经历并更新很多事项，你更愿意选择哪个？

（3）可即时纠偏。当某个时段的执行情况出现偏差时，通常需要及时调整后面时段的安排。如果不及时更新该时段的实际执行情况，而是等到晚上一起更新，后面的事项很可能就无法按计划执行。

因此，一定要做到执行后的及时记录。

场景二：遇到内外干扰的场景

刚开始执行计划，就想起来今天需要买香蕉，于是先去订购了香蕉。下单后，没写几个字，又想起来耳机可能落在家里了，于是又去检查耳机在不在包里。

好不容易重新集中注意力，刚写了一行字，又有同事过来找你分享今天上班路上遇到的趣事。

这么左一件事右一件事地打断你原本的计划，正经事没做多少，一个小时过去了。

执行计划时，如何处理这种内外干扰多的情况呢？

我给你推荐一个应对这种情况的好工具，即前文提到的番茄钟。

番茄钟的基本用法很简单，就是每工作 25 分钟，休息 5 分钟，如图 5-40 所示。

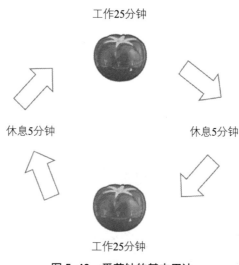

工作25分钟

休息5分钟　　　　　　休息5分钟

工作25分钟

图 5-40　番茄钟的基本用法

在工作的 25 分钟里，要全神贯注，不被任何事情打断，所有的事情都等待工作的 25 分钟结束后再处理。

25 分钟的时间一到，即使手头的事情没有完成，也要停下来休息。如果条件允许，最好的休息方式是躺下闭目休息；如果不行，你可以站起来喝口水、去洗手间，或者站在窗边远眺。无论你采用哪种休息方式，最重要的是：**让大脑放松，不要想着刚刚做的工作。**因为将大脑从专注工作的聚焦模式切换到休息时的发散模式，有助于提高你的用脑效率。

5 分钟休息结束后，再继续回来专注工作 25 分钟，之后再休息 5 分钟。

番茄钟这种短期高频率工作和休息交替的模式，除了能有效减少各种内外干扰，还有其他三个好处。

好处一：有效缓解拖延问题

拖延往往是因为畏难不敢开始，但如果将番茄钟与"烂开始"相结合，你将很难有害怕开始的念头。

因为在使用番茄钟时，你只需要关注是否能够连续 25 分钟不分心地工作，而不用关心这 25 分钟做了什么。这样一来，阻碍你开始行动的心理障碍几乎降至零。

好处二：长期保持精力旺盛

一个成年人的注意力最集中的时间大约为 25 分钟，因此利用这段时间专注使用一个番茄钟，你既能最大限度地保持专注，又不会感到疲劳。同时，5~10 分钟的间歇休息，又能帮助你的身体和大脑在生理层面上不断恢复。

按照这种节奏，一天使用 8~12 个番茄钟，你的精力会一直保持在旺盛的状态，而且可以长年累月地持续这种状态。

好处三：提高思考效率，激发创意

前文提到我们的大脑有两种重要的思维模式：聚焦模式和发散模式。然而，发散模式必须建立在聚焦模式的基础上，因为创意不是凭空产生的，只有在潜意识中有可挖掘的内容时才会发挥作用。

番茄钟能够顺畅地在聚焦模式（25 分钟专注工作时间）和发散模式（5 分钟休息时间）之间切换，帮助你的大脑保持最佳状态，既能提高思考效率，又能激发创意。

虽然番茄钟有很多优点，但在使用时也有一些注意事项。我帮你总结了其中最关键的三个。

注意事项 1：尽量手动设置番茄钟的时间并使用背景音乐

我不建议用一些番茄钟 App 来自动设置番茄钟和统计番茄钟的数量。

一个原因是，你不应该事后才知道你用了多少个番茄钟，而应该事先主动规划和在执行过程中主动控制你的番茄钟数量。

另一个原因是，手动设置闹钟和启动背景音乐，可以帮助你

245 | 第五章 综合应用：333 时间管理法

建立一种仪式感。以后，你一这么做，你的大脑就会自然进入番茄钟的专注状态。

注意事项 2：逐步增加连续使用的番茄钟数量

在你刚使用番茄钟时，可以只连续工作 2 个番茄钟，即 1 小时。待你更适应后，再逐步增加到连续工作 3 个、4 个番茄钟。

注意事项 3：控制使用番茄钟的上限

连续工作的番茄钟使用上限为 5 个，当连续工作 5 个番茄钟后，应该多休息一会儿，至少休息 25 分钟。

我强烈推荐一天使用 8 个番茄钟，这样做既可以完成不少任务，同时又不会感到疲劳，具有很强的可持续性。

如果某天任务确实很紧急，不得不专注工作更长时间，一天的番茄钟使用上限也不应超过 12 个。超过 12 个番茄钟后，虽然当天你会感到很有成就感，但你会非常疲惫，很可能会导致报复性休息（比如熬夜或第二天变得懒散），甚至可能对番茄钟产生畏难和厌恶情绪。综合评估下来，得不偿失，"一日曝十日寒"远远不如"水滴石穿、细水长流"。

现在你了解了番茄钟的使用方法和好处，也知道了使用时的注意事项，期待你能开始使用番茄钟提高工作效率。

场景三：精力不足的场景

假设你前一天晚上没睡好，早上起床后晕晕沉沉，但是你今天又必须完成一项需要深度动脑的任务：撰写一份业务方案。

你会如何处理这种精力不足却必须完成任务的情况呢？

这时候，番茄钟又可以大显身手了。

你可以先打个盹儿，然后启动一个番茄钟，趁着大脑刚清醒的这段时间，专注工作 25 分钟。

25 分钟到了后，再选择打盹休息，这个休息时长可以从标准的 5 分钟，延长到 10 分钟甚至 15 分钟。

当休息结束的闹钟响起时，继续专注工作又一个 25 分钟，之后再打盹 10~15 分钟。

通过这种打盹和专注工作交替的方式，哪怕在精力不足的一天里，你也能挤出 6~8 个大脑清醒的番茄钟。

尽管与精力充沛的日子里可以一天使用 12 个番茄钟相比，你专注工作的时间少了一半，但与晕晕沉沉地度过一天相比，效率要高很多。

当然，使用番茄钟来应对精力不足的一天只能作为短期的应急措施，不能成为常态化的长期策略。解决精力不足更治本的手段，是做好 333 时间管理法中的三大长期保障：体力保障、脑力保障和情绪保障。

体力保障

体力保障的核心在于让你的身体长期处于精力充沛的状态。

根据第三章"减少过度消耗"中建议的减少体力消耗的方法，在遵循生物钟的基础上，按照重要性从高到低的顺序，你需要关注以下三个方面：睡眠、饮食、锻炼。

（1）睡眠是第一要保障的

我个人的最大经验就是：睡眠非常重要。

它的优先级高于运动、高于工作、高于学习，也高于休闲。因为只有睡好了，后面这些事才能做得更好。

你可以根据自身的生理和活动特点选择早睡早起或晚睡晚起，但一定要保证睡眠充足。至于睡眠时长的标准，以你起床时不觉得困作判断标准。

（2）饮食是第二要保障的

关于健身有个说法：七分靠饮食，三分靠运动。可见饮食对身体的影响比运动更大。

从精力管理的角度来看，重点是少食多餐并选择升糖指数低的食物。

（3）锻炼是第三要保障的

每周进行 3~4 次、每次持续 30 分钟以上的运动，对于身体长期保持精力充沛非常有帮助。

假如你对运动有所畏惧，我给你分享一个叫作正切沉浸的方法，即边运动边做你喜欢的事。

像我就是在跑步机前面放了一个大屏幕，在跑步的同时通过手机投屏看电影，不知不觉就能跑一小时。而且，正是看一部电影的诱惑，在我偷懒不想运动时，将我拉回到了跑步机上。

脑力保障

一旦过度消耗脑力，就会出现心理学上的自我损耗现象，导致人们进行意志活动的意愿或能力下降。

根据第三章"减少过度消耗"中建议的减少脑力消耗的方法，想在生理上保持大脑的敏锐状态，做到前文提到的睡好、吃好、锻炼好，再配合生物钟就可以了。但除此之外，在脑力运用上，还需要掌握一些有效的大脑使用方法。

特别是要尽量遵循大脑的最省力原则，在做大部分事情时，使用成熟的框架和惯性思维即可（具体做法参考第三章第二节"减少脑力消耗，让大脑更敏锐"）。

例如，在制订计划时，将时段规律化，将非要事记录到日历和待办清单上，就是为了最大程度减少不必要的脑力消耗。

将宝贵的脑力节省下来，用于处理那些需要创新思考、没有经验可依赖的任务。

情绪保障

"人逢喜事精神爽，闷上心来瞌睡多。"

当心情愉快时，你有动力去完成任务，敢于挑战任何困难；当心情低落时，你可能心灰意冷，思绪混乱，甚至连基本的专注都做不到。因此，要做好时间管理的长期保障，还必须调节好情绪。

在第三章第三节"减少情绪消耗，不被情绪左右"中，针对情绪发生前、情绪发生时、情绪发生后，我分享了生理优化、环境选择、认知转换、避免损失、行动转化这五个技巧。

在这里，从情绪保障的角度，我再强调一下心理和生理上的五个做法。

（1）树立价值观

给你做的事赋予意义，将其由必须做变为自愿做，这是保持长期积极情绪的最好方法。

（2）提高催产素的水平

例如，和宠物玩耍可以刺激催产素分泌，让人感到放松愉快。

（3）提高血清素的水平

通过各种有氧运动，促进血清素分泌，让人感到更加积极。

（4）增加多巴胺的分泌

通过享受美食、尽情玩耍等，增加多巴胺的释放，使人更加快乐。

（5）减少皮质醇的释放

通过放空、工作时适当休息和嚼口香糖的方式，减少皮质醇的释放，减轻压力。

我相信，做好了上述的体力、脑力和情绪保障，你一定会长期精力满满。

在本节中，我们讨论了在三种不同场景（正常按计划执行、遇到内外干扰、精力不足）下，如何高效地执行周计划的做法；与你分享了番茄钟这一工具，以及做好三大长期保障的方法。在执行周计划的时候，期待你能尝试用一用这些方法，也许你将取得意想不到的好成果。

第四节

应变：灵活应对各种意外情况

在计划执行中肯定会遇到种种计划外的意外情况，这一节我们就来看看，遇到下面这四种意外情况时，如何随机应变，继续保持计划的高效执行。

意外情况一：拖延着不开始

在执行计划时，遇到的第一种意外情况是，到了该执行某件要事的时候，却拖延着迟迟不开始。

例如，你被领导要求后天交一篇去年工作成就的分享文章，领导说这篇文章还会发给总经理看。

虽然时间很紧迫，你也排了文章写作计划，但到了该写文章的时候，你就是拖着不动手，一边焦虑，一边继续刷着手机磨蹭。

这种拖延的产生往往是因为畏难心理。你很怕写得不好，担心写出来不被总经理认可怎么办，因此就迟迟不敢动手。

要避免这种拖延，可以采用第四章第二节中提到的"烂开始、短平快"的方法。

1. 烂开始

对于因畏难而不敢开始的任务，你可以告诉自己："不要管开始时的质量，先动手做了再说，哪怕做得再烂都行，反正后面还会再改。"

有了这种"烂开始"的想法，你就能够克服畏难心理，不再拖延。

以不敢写的这篇分享文章为例。你可以告诉自己："我今天上午先写一个超烂的初稿出来，再烂都可以，这个超烂的初稿出来后，我晚上再改。"

抱着先写一篇烂文章的想法，你就能立即动手了。

畏难主要是因为你认为自己的能力不足以完成任务，因此通过使用"烂开始"的策略降低开始时的难度，你就更容易采取行动了。

2. 短平快

"短平快"是将大任务拆分为更短、更易启动的小任务。

例如，你可以将写分享文章的过程分解为五个步骤，其中第一步是花 30 分钟梳理分享文章的基本框架。

这个方法与"烂开始"是绝配。通过任务拆解，每个小任务相对于整个大任务的难度更小，这使得你更容易进行初步的动作。

以花 30 分钟梳理分享文章的基本框架为例，这个小任务的难度远远低于写一篇高质量、能打动总经理的分享文章。

此外，这个方法还能够带来紧迫感并快速见效，从而增加你持续行动的动力。

后天交一篇高质量的分享文章，会让你觉得时间还多，可以明天甚至后天再发力开始写，加上畏难的心理，更容易让你陷入拖延中。

然而，当你知道自己必须在 30 分钟内完成基本框架的输出时，你就不会再拖延，因为你没有什么可以拖延的时间，而且任务也不难。

通过采用"烂开始、短平快"的方法，一旦你开始动手写，神奇的事情就发生了：你会很快进入状态，而且越写越多，甚至能写出你之前完全没有想到的内容。

因此，记住这个好方法：进入工作状态最好的方法就是开始工作。

意外情况二：计划刚开始就未如期执行

假如你本来的计划是在 9:00 到公司开始做第一件要事，但不巧的是，路上堵车，导致你在 9:15 才到达公司，如图 5-41 所示。

在这种计划刚开始执行就遇到了意外的情况下，你会怎么办呢？

时间 / 周几		周一
①黑色：当天原定的工作计划（计划内）；②蓝色：当天突然增加的任务（计划外）；③红色：需重点关注的工作（当天未完成）；④灰色：已完成的工作		
7:00—9:00	计划	
	实际执行	周一堵车，通勤多了15分钟（灰色）
9:00—10:00	计划	周四推文提纲梳理（黑色）
	实际执行	

图 5-41　计划刚开始就未如期执行

大部分人可能会选择放弃当天的整个计划，但其实大可不必。只要你做好两个调整，计划就依然能发挥作用，让你的一天保持高效。

1. 心态上的调整：破除完美主义，接受不完美

在一天的执行过程中，完全按照计划执行的情况非常罕见，是小概率事件。更常见的情况是计划无法如预期般执行。

制订计划的本质，并不是要求执行情况必须与计划完全一致，计划的作用是提前做了一次预演，让你在执行时心里更有底，遇到问题后能快速调整。

既然这样，为何大多数人在计划未如期执行后，就会选择放弃呢？

这就是完美主义在作祟：要么做到完美，要么就不做。

所以，只要心态上接受不完美，你就不会轻易放弃一天的计划了。

2. 行动上的调整：及时调整当天的计划

当计划执行情况出现偏差后，需要考虑哪些任务或时间段可以进行调整，以适应变化后的情况。

还以早上因为堵车而晚到公司 15 分钟为例。

在这种情况下，可以接受稍晚开始做第一件要事，并利用上午预留的 11:00—11:30 这个留白时段，来做弥补，如图 5-42 所示。

时间　　　周几		周一
①黑色：当天原定的工作计划（计划内）；②蓝色：当天突然增加的任务（计划外）；③红色：需重点关注的工作（当天未完成）；④灰色：已完成的工作		
7:00—9:00	计划	
	实际执行	周一堵车，通勤多了15分钟（灰色）
9:00—10:00	计划	周四推文提纲梳理（黑色）
	实际执行	延迟了15分钟，9:15开始，提纲梳理了1/3（灰色）
10:00—11:00	计划	周四推文初稿撰写（黑色）
	实际执行	
11:00—11:30	计划	留白时段（灰色）
	实际执行	用于推文提纲梳理，弥补堵车的15分钟延迟（蓝色）

图 5-42　当天计划调整

需要注意的是，调整当天计划时，不要修改原计划时段的内容，而是使用蓝色字体在实际执行中填写新的计划安排。

意外情况三：要事执行超时

我们讨论了计划刚开始就未如期执行该怎么办，假如现在出现了一个新的意外情况"某个时段的要事执行超时了"，又该怎么办呢？

比如，原计划是在 10:00 之前完成周四推文的提纲梳理，但实际上花费的时间远远超过预期，延迟了 1 小时，直到 11:00 才完成，如图 5-43 所示。

时间	周几	周一
①黑色：当天原定的工作计划（计划内）；②蓝色：当天突然增加的任务（计划外）；③红色：需重点关注的工作（当天未完成）；④灰色：已完成的工作		
7:00—9:00	计划	
	实际执行	周一堵车，通勤多了15分钟（灰色）
9:00—10:00	计划	周四推文提纲梳理（黑色）
	实际执行	延迟了15分钟，9:15开始，提纲梳理了1/3（灰色）
10:00—11:00	计划	周四推文初稿撰写（黑色）
	实际执行	提纲梳理累计用了1.5小时，初稿撰写尚未开始（灰色）

图 5-43　要事执行超时

对于这种情况，可以采取短期应对和长期应对两种方式加以处理。

1. 短期应对：调整计划

调整计划有以下三种方法。

（1）挪用下一个要事时段，将下一个要事挪到留白时段完成。

（2）放下这个要事，先完成下一个要事时段应该做的要事，然后利用留白时段，甚至挤占部分弹性时段来完成这个超时的要事。

（3）如果时间实在腾挪不开，可以取消优先级较低的要事，并将其推迟到以后完成。

这也是我们反复强调每天最多安排三项要事的原因，这样你就可以有更多的腾挪空间，同时也可以更聚焦、更专注。

2. 长期应对：优化要事用时的预估

要事的用时之所以超出预估时间，除了被干扰的原因，最大的可能就是制订计划时过于乐观，预估的用时不足。因此，长期应对的方法是掌握更好的要事估时方法。

简单的做法是，多做悲观预估，为要事预留更多时间。比如，你预估出一个要事的用时后，给这个用时乘 1.5，甚至乘 2，作为要事的预估时间。

更好的要事估时方法是，运用三点估算法，即将最乐观的时间、4 倍最可能的时间和最悲观的时间相加，然后除以 6 [公式为（最乐观的时间 + 最可能的时间 ×4+ 最悲观的时间）/6]，得出制订计划时要事的预估时间。

不要怕给要事预留的时间太多，即使预估时间比实际所需时间多，也会带来很多好处。

因为如果你预留了较多的时间，在执行时会更加放松，提前完成要事后还会产生自我效能感，从而自然而然地具备更大的动力去完成其他要事，效率反而更高。

相反，如果你预留的时间过少，那计划就会持续完不成，看着未完成的要事越来越多，你就会越来越着急、沮丧，最终反而一件要事都完不成。

但只要你每天安排的要事不超过三项，我相信你给要事预留的时间一定不会少，即使有所不足，你也可以轻松地利用各种留白时段和弹性时段来补充完成。

意外情况四：有紧急事项插入

假如你正在专心致志地写分享文章，这时一个同事叫你陪她一起去跟某个客户开会，你该怎么办呢？

在执行要事的时候，不可避免地会遇到他人找你做其他事情的情况，这时你可以运用 4D 任务管理法则来处理，如图 5-44 所示。

图 5-44　4D 任务管理法则

按照 4D 任务管理法则的顺序，你可以对插入的事项采取以下处理方式：删除（Delete）、委托（Delegate）、推迟（Delay）和做（Do）。

（1）首先是删除，即优先拒绝。

例如，你可以回应同事说："我正在赶一项紧急的工作，很抱歉不能参加会议。"

（2）如果无法拒绝，你可以选择委托，将任务委托给别人。

假如你的同事坚持让你参加并表示："不行，我一个人见这个客户太心慌了，也显得对客户不尊重。"

你可以回答："你可以找一下张三，他现在应该能抽出时间，让他陪你去见客户。"

（3）如果同事坚持要求你陪她参加，而且这件事无法委托给他人，你可以采用推迟的法则。

你可以告诉同事："如果只有我能陪你的话，你先与客户聊 25 分钟，我会尽快处理完手头的事情然后立即赶过去。"

（4）只有在无法推迟的情况下，你才接受立即做。

在这种情况下，你需要放下手头的要事，并尽可能地将这件要事推迟到留白时段或弹性时段完成。

使用这个 4D 任务管理法则，虽然不能保证你能拒绝、委托或推迟所有插入的紧急事项，但至少能够减少 80% 插入的紧急事项。

在本节中，我们讨论了四种不同的意外情况，以及如何随机应变并继续高效执行计划。

针对"畏难迟迟不敢动手"的意外情况，应用好"烂开始"和"短平快"的方法。

针对"计划刚开始就未如期执行"的意外情况，做好两个调整：心态上的调整：破除完美主义，接受不完美；行动上的调整：及时调整当天的计划。

针对"要事执行超时"的意外情况，做好长短两个周期的应对：短期应对：调整计划；长期应对：优化要事用时的预估，用好三点估算法。

针对"有紧急事项插入"的意外情况，用好 4D 任务管理法则，按照删除、委托、推迟和做的顺序处理。

用对了方法，执行就会事半功倍。你不妨从今天开始尝试。

本章小结与讨论

333 时间管理法的本质就是做减法。

333 时间管理法展示的三大规划原则、三大执行方法以及三大长期保障，就是做减法的四大策略在时间管理、精力管理、自我管理上的综合应用。

1. 要事第一、足够弹性和以终为始这三大规划原则，很好地应用了减少贪多求快和减少过高期待的策略，不好高骛远，而是聚焦当下、专注要事，并舍得留白和敢于放慢。

2. 烂开始、超专注和习惯化这三大执行方法，结合减少完美主义策略和减少过度消耗策略中的不过度消耗意志力方法，通过缓解开始的畏难心理，减少意志力消耗，从而更容易开始并长期坚持下去。

3. 体力保障、脑力保障和情绪保障这三大长期保障，更是全面充分地应用了减少过度消耗策略。

333 时间管理方法，既符合新竞争趋势，又简单易行，几乎所有用过的人都反馈说很有帮助。这么好的方法，我期待你也能用起来。

做减法的力量，可能超乎你的想象

工作近 20 年后，我观察到一个出人意料的现象。

很多年轻时头脑灵活、不甘下游的人，到了 40 岁似乎并没有比别人领先多少，有些人甚至落后了；而那些年轻时看似能力平平、安于现状的人，到了 40 岁似乎也能成为经理、总监，甚至还有人担任总经理。

那么，是什么原因导致了这个出人意料的现象呢？

我将我近 20 年接触过的上千人梳理了一下，发现了一个规律：从出类拔萃做到万里挑一很难，但成为前 5% 却没那么难。

在这本书中，我介绍了很多工作和学习的方法，比如为用而学、烂开始、短平快、333 时间管理法等。这些工作和学习的方法都很实用，一定会对你很有帮助。但即使这些方法你都没掌握，只要做到以下四项减法里的任何一项，你同样能成为前 5% 的人中的一员。

一、少点贪多（要事第一）

有位读者曾在 YouCore 公众号里给我发消息说："老师，我最近很焦虑，感觉前面有很多问题要解决，有很多东西要学，但焦虑反过来又让我拖延，感觉成长很慢。我应该怎么制订适合我的目标和成长计划？"

这个问题很普遍，大概有 95% 的人都遇到过。问题产生的根本原因是贪多，也就是贪心。

得到的太少，往往是因为我们想要的太多。

管理学大师彼得·德鲁克在《卓有成效的管理者》中有一段内容写得特别好。

有些人一事无成，而实际上他们却做得很吃力。第一，他们低估了完成一项任务所需的时间。他们总以为万事顺利，却总不免有出乎意料的情况发生。

第二，一般的管理者（往往也是不大有效的管理者）总喜欢赶工——而赶工的结果，总不免使进度更加落后。

第三，一般的管理者喜欢同时着手几件要事，结果对每一件事，他们都无法获得足够的最少整块时间。只要任何一件事情受阻，全部事情也都会跟着受阻了。

如果我们能克制自己的贪心，像德鲁克建议的那样，做到要事第一，一段时间内只聚焦于一个目标、一项关键任务，那么我们达成这个目标或完成这项关键任务的概率将大大提高。

你可能会担心：计划安排得太少，是不是会导致完成的任务总量减少？但如果增加了计划中的任务量，却未能按时完成计划，那么你在计划里加再多项任务也没意义。而且，你排上更多的事项，只会导致原本能做完的要事因为受到干扰做不完，结果就是你更焦虑，什么都不愿做了，因为反正也做不完，索性"破罐子破摔"。

实际上，即使将任务量减少了，你最终完成的任务总量也不会变少，因为你肯定有多余的时间空出来，那时再用空出来的时间做更多的事就可以了。

这种克制贪心的做法，就是 YouCore 提倡的周计划做法。

只要你肯克制自己的贪心，你就会与下面这位学员一样得到让人欣喜的结果（见图 C-1）。

图 C-1　关于"少点贪多"的对话

二、少点求快（多点耐心）

在这个高速运转的环境里，人们的耐心变得越来越少（很可能少于 5%）：

对某项技能的学习仅仅坚持了三天，觉得学习效果不够好，就选择放弃；

工作半年没加薪，就觉得委屈要离职；

创业时没耐心打磨产品，整天想着怎么完成用户裂变，期待一夜暴富。

所以，如果你能少一点急于求成，多一点耐心，多一点坚持，就有很大可能领先于那些缺少耐心的人。

我刚毕业的那段时间，也是一个缺少耐心的人。

在毕业后的第一份工作中，尝过了缺少耐心导致的苦果后，我就告诉自己一定要有耐心，坚持长期主义，在任何一家公司都至少要待满三年。

有了这个转变，我在之后的职业生涯中收获了越来越多的坚持长期主义带来的回报。

比如，我在某个公司工作期间，虽然经历了多次团队动荡，直接领导就换了 4 任，95% 的同事都选择离开我所在的团队甚至公司。

但我当时在该公司工作还未满 3 年，因此我咬牙坚持了下来，并获得了团队重建后的一个大机会，即担任事业线管理咨询团队的负责人。

如果团队没有重建，这种机会根本不可能落到当时不到 30 岁的我身上（前几任负责人都是 40 多岁）。正是因为获得了这个机会，我才有了更多的咨询和管理经验，以及往更高职位攀登的资本。

我也将同样的耐心，带到了 YouCore 的创业中。

在 2015—2017 年，知识付费势头正劲，愿意沉下心来做产品的人实在不多了，因为赚钱太容易。随便制造一个产品，只要推广做得好，就能卖几万、十几万份，一下子就有几百万、上千万的收入，谁还愿意"浪费"时间在产品打磨上？

但我们抵制住了这个诱惑，认真打磨产品，在 2018 年知识付费的浪潮退去时，YouCore 反而逆势增长，学员规模、业务收入和口碑都越来越好。

因此，让自己多一点耐心，你会发现自己在不经意间就领先了 95% 的人，成了前 5% 的人中的一员。

三、少点空想（多点行动）

如果你稍微用心观察身边的同事和朋友，会发现空谈理想的人很多，而愿意踏踏实实、动手去做的人则非常少。

　　例如，我在教逻辑顺序练习时，有些学员喜欢和我讨论逻辑顺序的本质是什么，是不是所有事情都一定能按逻辑顺序组织，太关注逻辑顺序是否会影响创新探索等。

　　他们将这种探究称为探究概念的本质，是更高级的思考和学习活动。探究概念的本质确实是一种高级的元认知活动，但问题在于他们只探究而不动手。结果就是他们高谈阔论了许多的本质和原理，却连一个最基本的"如何做好自我介绍"的逻辑顺序都组织不好。

　　我并不反对探究概念的本质，在我自己写的《学习力：颠覆职场学习的高效方法》一书中，我专门用一整章讲述了探究概念本质的方法。但是，探究应该建立在实践的基础上，而不是不动手光高谈阔论。在带很多学员做逻辑顺序练习后，我发现了一个残酷的事实：

　　脑子灵活的学员对逻辑顺序的理解通常一开始就有 70 分左右，但如果只空谈而不充分练习，一个月后他们对逻辑顺序的理解和运用水平通常还是 70 分左右；脑子没那么灵活，一开始对逻辑顺序的理解可能只有 30 分的学员，如果认认真真地完成了 10~20 个练习，对逻辑顺序的理解和运用水平，却没一个是低于 80 分的。

　　为什么只要充分练习了，理解水平就能从 30 分跃升到 80 分以上呢？因为只要动手做了，就会产生疑惑，有了疑惑，你就会找老师解答，再经过练习验证，自然理解得越来越深。这就是"纸上得来终觉浅，绝知此事要躬行"的最佳事例之一。

逻辑顺序练习如此，写文章也是如此。

总有学员问我如何写好文章，有没有什么写作方法论，我最大的建议就是：先不用过于关注方法论，去写，写得多了你的写作水平就提升了。

因为写得多了，你就不得不去琢磨新的写作素材从哪里来，怎样写更吸引人，如何写才更高效等，写作水平自然也就提升了。

但如果不去写，给你再厉害的写作方法论也没什么用。

所以，少一点空想，多一点行动，真正动手去做，你才能加深对事物的理解，从而获得更好的成果。

四、少点娱乐（减少意志消耗）

这个建议可能会被绝大多数人反对。

这就对了！

正是因为绝大多数人都不愿意放弃娱乐，所以只要你愿意牺牲部分娱乐活动，你就有可能轻松地领先他们一大步。

以手机游戏为例，很多人因为玩游戏上瘾而放弃了学业。或许会有人跳出来举少数个例反驳我：我表哥就很爱玩游戏，但他就考上了 985 大学。嗯，也许你表哥没有因为玩游戏耽误他考上 985 大学，但绝大多数人如果沉迷于玩游戏，没有足够时间用于学习，大概率考上大学都有困难。我自己也曾是游戏的重度爱好者，上大学时，曾有一整个学期"两耳不闻窗外事，一心埋头打游戏"。我就读的大学算是国内名校，我可以用亲身经历负责任地告诉你："不沉迷于玩游戏的学生，会更优秀。"在我工作后戒掉游戏，体验到一种更积极的状态时，我很后悔大学时在游戏上浪费了很多时间。

因为享受到了戒掉游戏带来的好处，后来我也不看综艺节目、不追没有内涵的电视剧、不刷短视频，这帮我省下了大量的时间，同时也大大减少了我的意志力消耗（手机游戏和短视频最大的危害之一，就是会消耗一个人的意志力，让人失去自控力）。

我并不反对娱乐，娱乐能够为我们带来精神享受，并让我们恢复精力。然而，现在的问题在于，太多的人不是娱乐得太少，而是沉溺于过多的娱乐难以自拔。

因此，如果你能够抵制住诱惑，牺牲部分娱乐活动，你会发现自己的意志力变得更加强大，并且能够有更多的时间用于学习和思考。

五、做减法的力量，可能超乎你的想象

从出类拔萃做到万里挑一确实很难，但领先于 95% 的人，进入前 5% 却相对容易。这并不需要你拼命，相反，你只需要做好减法——少点贪多、少点求快、少点空想、少点娱乐。

谨以此后记，作为对你阅读至此的感谢，也作为本书的总结。

参考文献

[1] 王世民.学习力：颠覆职场学习的高效方法 [M].北京：电子工业出版社，2018.

[2] 王世民.思维力：高效的系统思维 [M].2 版.北京：电子工业出版社，2021.

[3] YouCore.个体赋能：新时代加速成长隐性逻辑[M].北京：天地出版社，2018.

[4] 戴维·迈尔斯.社会心理学[M].11 版.侯玉波，乐国安，张智勇，译.北京：人民邮电出版社，2016.

[5] 斯蒂芬·罗宾斯，蒂莫西·贾奇.组织行为学[M].16 版.孙建敏，王震，李原，译.北京：中国人民大学出版社，2016.

[6] 菲利普·津巴多.路西法效应：好人是如何变成恶魔的 [M].孙佩妏，陈雅馨，译.北京：生活·读书·新知三联书店，2010.

[7] 陈彦君，石伟，应虎.能力的自我评价偏差：邓宁－克鲁格效应 [J].心理科学进展，2013，21（12）：2204－2213.

[8] 埃里克·坎德尔.追寻记忆的痕迹 [M].罗跃嘉，译.北京：中国轻工业出版社，2007.

[9] 冯秋阳.记忆主动抑制和情绪调节的关系及其脑机制 [D].重庆：西南大学，2019.

[10]王阳明.传习录 [M].于自力，孔薇，杨骅骁，注译.郑州：中州古籍出版社，2008.

[11]让－菲利普·拉夏.注意力：专注的科学与训练 [M].刘彦，译.北京：人民邮电出版社，2016.

[12]Wilsor R C,Shenhav A,Straccia M,et al. The Eighty Five Percent Rule for Optimal Learning[J].Nature Communications, 2018.

[13]尼克·利特尔黑尔斯.睡眠革命 [M].王敏，译.北京：北京联合出版公司，2017.

[14]张展晖.跑步治愈 [M].北京：东方出版社，2020.

[15]夏萌.你是你吃出来的 [M].南昌：江西科学技术出版社，2017.

[16]史蒂芬·柯维.高效能人士的七个习惯 [M].高新勇，王亦兵，葛雪蕾，译.北京：中国青年出版社，2018.

[17]约翰·D.布兰思福特.人是如何学习的：大脑、心理、经验及学校（扩展版）[M].程可拉，孙亚玲，王旭卿，译.上海：华东师范大学出版社，2013.

[18]罗永浩.我的奋斗 [M].昆明：云南人民出版社，2010.

[19]巴尔扎克.高老头 [M].许渊冲，译.西安：西安交通大学出版社，2015.

[20]阿道司·赫胥黎.美丽新世界 [M].刘琳琪，译.长春：时代文艺出版社，2020.

[21] 丹尼尔・卡尼曼.思考，快与慢 [M].胡晓姣，李爱民，何梦莹，译.北京：中信出版社，2012.

[22] 彼得・德鲁克.卓有成效的管理者 [M].许是祥，译.北京：机械工业出版社，2009.